글 고희정

이화여자대학교에서 과학 교육을 전공하고 석사 학위를 받았습니다. 중고등학교와 대학교에서 과학을 가르쳤고, 방송 작가로 일하며 《딩동댕 유치원》, 《방귀대장 뿡뿡이》, 《생방송 톡톡 보니하니》, 《뽀뽀뽀》, 《꼬마요리사》, EBS 다큐프라임 《자본주의》, 《부모》, 《인문학 특강》 등의 프로그램을 만들었습니다. 지은 책으로 《어린이 과학 형사대 CSI》, 《어린이 사회 형사대 CSI》, 《의사 어벤져스》, 《신통하고 묘한 고양이 탐정》, 《육아 불변의 법칙》, 《훈육 불변의 법칙》 등이 있습니다.

그림 최미란

서울시립대학교에서 산업디자인을, 같은 학교 대학원에서 일러스트레이션을 공부했습니다. 특유의 집중력으로 여러 어린이책에 개성 강한 그림을 그렸습니다. 그린 책으로 《글자동물원》, 《탁구장의 사회생활》, 《귀신 학교》, 《슈퍼맨과 중력》, 《독수리의 오시오 고민 상담소》, 《초능력》, 《삼백이의 칠일장》, 《이야기 귀신이 와르릉 와르릉》, 《슈퍼 히어로의 똥 닦는 법》, 《겁보 만보》, 《무적 말숙》, 《백점 백곰》 등이, 쓰고 그린 책으로 《집, 잘 가꾸는 법》, 《우리는 집지킴이야!》가 있습니다.

감수 신주영

서울대학교 법대를 졸업하고 사법 시험에 합격해 현재 법무 법인 대화 소속 변호사입니다. 어렸을 때 책을 읽으며 느끼는 행복감이 커서 작가가 되고 싶다는 꿈이 있었는데 변호사 10년 차에 법정 경험담을 소재로 《법정의 고수》를 출간하면서 작가로도 활동하고 있습니다. 《세빈아, 오늘은 어떤 법을 만났니?》, 《헌법 수업》, 《옛이야기로 만나는 법 이야기》, 《질문하는 법 사전》, 《우리가 꼭 알아야 할 법 이야기》, 《대혼돈의 사이버 세상 속 나를 지키는 법》 등 법률가로서의 경험을 살려 법을 매개로 사람과 사회를 들여다보는 책들을 썼습니다.

어린이 법학 동화

변호사 어벤저스

변호사 어벤저스
❸ 아동 복지법, 위기의 아이를 구하라!

초판 1쇄 발행 2024년 8월 10일
초판 4쇄 발행 2025년 10월 30일

지은이 고희정
그린이 최미란
감 수 신주영

펴낸이 김남전
편집장 유다형 | 기획·책임편집 임형진 | 편집 이경은 김성윤 | 디자인 권석연
마케팅 정상원 한웅 정용민 김건우 | 경영관리 김경미

펴낸곳 ㈜가나문화콘텐츠 | 출판 등록 2002년 2월 15일 제10-2308호
주소 경기도 고양시 덕양구 호원길 3-2
전화 02-717-5494(편집부) 02-332-7755(관리부) | 팩스 02-324-9944
홈페이지 ganapub.com | 인스타그램 instagram.com/ganapub1
페이스북 facebook.com/ganapub1

ISBN 979-11-6809-124-5 (74810)
      979-11-6809-121-4 (세트)

ⓒ 2024, 고희정 최미란 임형진

※ 책값은 뒤표지에 표시되어 있습니다.
※ 이 책의 내용을 재사용하려면 반드시 저작권자와 ㈜가나문화콘텐츠의 동의를 얻어야 합니다.
※ 잘못된 책은 구입하신 서점에서 바꾸어 드립니다.
※ '가나출판사'는 ㈜가나문화콘텐츠의 출판 브랜드입니다.

- 제조자명: ㈜가나문화콘텐츠
- 주소 및 전화번호: 경기도 고양시 덕양구 호원길 3-2 / 02-717-5494
- 제조연월: 2025년 10월 30일
- 제조국명: 대한민국
- 사용연령: 4세 이상 어린이 제품

가나출판사는 당신의 소중한 투고 원고를 기다립니다. 책 출간에 대한 기획이나 원고가 있으신 분은
이메일 ganapub@naver.com으로 보내 주세요.

변호사 어벤저스

③ 아동 복지법, 위기의 아이를 구하라!

글 고희정 ✦ 그림 최미란 ✦ 감수 신주영

가나

아동 학대 재판

아동 학대 ... 12   아동 복지법 ... 14

진술 거부권 ... 18   용의자, 피의자, 피고인 ... 26

인류 최초의 법전은? ... 30

아동 급식 카드 ... 42   복지 ... 46

아동 학대 신고 방법 ... 48   양형 ... 60

성문법과 불문법 ... 62

아동 학대를 의심해야 할 때 ... 74

국선 변호인 ... 78

잘못된 재판을 받은 갈릴레이 ... 84

친권과 양육권 ... 88   행정 복지 센터 ... 94

유엔 아동 권리 협약 ... 100   공무원 ... 104

직업 ... 108   의무 ... 116   언론 ... 120

우리나라 최초의 여성 변호사 이태영 ... 132

아동 학대가 미치는 영향 ... 136

집행 유예 ... 142   경제 ... 144

재판을 세 번까지 받을 수 있는 이유 ... 148

아동 학대 해민

아동 학대 재판

수원 지방 법원 형사 법정에서는 63세, 박금순의 아동 학대에 관한 첫 재판이 열리고 있었다.

"피고인은 범죄 사실에 대한 의견이 어떠신가요?"

판사의 질문에 변호인 이범이 벌떡 일어나 답했다.

"네, 피고인은 피해 아동 서윤주를 돌봐 주던 중에 아동이 밥을 잘 먹지 않고 말을 잘 듣지 않아 훈육한 것일 뿐, 일부러 아동을 굶기거나 때린 일은 없기 때문에 무죄 취지로 부인하고 있습니다."

피고인 박금순은 한 달 전부터 맞벌이하는 부모를 대신해 이제 막 2세가 된 서윤주를 돌봐 주는 일을 했다. 그런데 윤주 부모가 박금순을 아동 학대 혐의로 고소하는 일이 벌어졌다. 박금순이 윤주가 밥을 잘 안 먹는다는 이유로 윤주를 굶기고, 말을 안 듣고 운다고 때리기까지 했다는 것이다. 박금순은 억울하다며 법무 법인 지음을 찾아왔고, 이범과 아이들이 속한 고민중 변호사 팀이 박금순의 변호를 맡게 된 것이다.

이범의 의견을 들은 판사는 피고인에게 다시 물었다.

"피고인, 본인의 입장도 같은가요?"

피고인 박금순이 손사래를 치며 대답했다.

"그럼요, 아동 학대라니요. 절대 그런 일은 없었습니다."

아동 학대란 보호자를 포함한 성인이 아동의 건강 또는 복지를 해치거나 정상적 발달을 저해할 수 있는 신체적, 정신적, 성적 폭력이나 가혹 행위를 하는 것, 또 아동의 보호자가 아동을 유기(내다 버림)하거나, 방임(돌보거나 간섭하지 않고 내버려둠)하는 것을 말한다. 아동 학대 범죄는 아동 복지법 과 「아동 학대 범죄의 처벌 등에 관한 특례법」으로 절대 금하고 있으며 강력하게 처벌하고 있다.

박금순의 대답에 판사가 검사에게 말했다.

"검사 측 증거 신청하세요."

증거는 피고인이 범죄를 저질렀다는 것을 증명할 수 있는 근거가 되는 서류나 물건 등을 말한다. 판사의 말에 검사가 증거 제목과 내용이 적힌 증거 목록을 판사와 피고인 측에 제출했다.

판사가 이범에게 물었다.

아 동 학 대

아동 학대란, 보호자를 포함한 성인이 아동의 건강 또는 복지를 해치거나 정상적 발달을 저해할 수 있는

아동 학대

복지 행복한 삶 / 저해 막아서 못 하도록 해침

신체적, 정신적, 성적 폭력이나 가혹 행위를 하는 것,

아동 복지법

아동은 만 18세가 되지 않은 사람을 말해.

「아동 복지법」은 아동이 건강하게 출생하여 행복하고 안전하게 자랄 수 있도록 아동의 복지를 보장하기 위해 만든 법이야.

아동은 자신 또는 부모의 성별, 연령, 종교, 재산 등에 따른 차별을 받지 않고 자라야 하고,

완전하고 조화로운 인격 발달을 위해 안정된 가정 환경에서 행복하게 자라야 하며,

아동의 권리를 보장하고 복지를 증진시키기 위해, 이 법에 따른 보호와 지원을 받을 권리를 가진다고 명시되어 있어.

**권리 보장
복지 증진**

또 이를 위해 아동에게 해서는 안 되는 행동과 이를 어긴 사람에게 내릴 처벌, 그리고 아동을 보호하기 위한 방법도 정해 놓았지.

제15조(보호 조치)
제17조(금지 행위)
제22조(아동 학대의 예방과 방지 의무)

아동이 행복하고 건강하게 자라는 데 필요한 복지를 보장하는 법

"변호인, 증거에 대한 의견 어떠세요?"

「형사 소송법」 제266조 제3항에 의하면, 검사가 공소 제기(검사가 법원에 재판을 청구하는 일)를 한 이후에 피고인 또는 변호인이 검찰에게 수사 기록을 열람하거나 복사 신청을 할 수 있게 되어 있다. 피고인이 자신의 재판에 대비할 수 있게 하기 위한 것이다.

이범이 대답했다.

"네, 부동의하는(동의하지 않는) 증거만 말씀드리겠습니다. 증거 2번 고소인 진술서와 4번 고소인 진술 조서 각각 부동의합니다. 그 외의 증거는 모두 동의합니다."

고소인 진술서는 고소인이 직접 사건에 대해 쓴 글이고, 고소인 진술 조서는 고소인이 수사관의 질문에 답변한 것을 기록한 글이다.

"네, 알겠습니다."

판사가 이범에게 말하더니, 검사를 보며 말했다.

"검사님, 부동의하는 증거들이 좀 있네요. 입증 계획을 말씀해 주세요."

검사가 대답했다.

"고소인 이영애를 증인으로 신청하겠습니다."

이영애는 윤주의 엄마로, 박금순을 아동 학대 혐의로 고소한 사람이다. 판사가 말했다.

"증인 신청 채택하겠습니다."

그리고 판사는 다음 재판을 열 기일을 알려 준 후, 첫 재판을 끝냈다. 방청석에서 재판을 지켜보고 있던 고 변호사가 먼저 일어나 재판정 밖으로 나가자, 함께 있던 아이들도 따라 나가고, 이범과 박금순도 밖으로 나왔다.

박금순이 어리둥절한 표정으로 이범에게 물었다.

"다음에는 뭘 또 하는 거예요?"

이범이 친절하게 설명해 주었다.

"제가 아까 검사 측이 제시한 증거들 중 일부에 동의하지 않는다고 했잖아요. 그렇게 부동의한 증거는 판사님이 볼 수가 없어요. 그러니까 검사가 그 증거를 한 사람, 즉 고소인인 윤주 어머니를 증인으로 세워 달라고 한 거예요. 그래서 다음 기일에는 윤주 어머님이 증인으로 나와서 증언하게 될 거예요."

박금순이 걱정스러운 표정으로 물었다.

"아유, 그럼 또 말도 안 되는 거짓말을 하면 어떡해요?"

듣고 있던 고 변호사가 나섰다.

"저희가 변론을 잘 준비할 테니까 걱정 마세요."

그러더니 이어 물었다.

진술 거부권

진술을 거부할 수 있는 권리

"고소인이 경찰에 제출한 CCTV 영상은 확인하셨죠?"

박금순이 얼굴을 찡그리며 대답했다.

"네, 그런데 그건 정말 억울해요. 애가 하도 밥도 안 먹고 말도 안 들어서 버릇을 고쳐 주려고 한 건데, 그게 무슨 아동 학대라고……."

CCTV 영상은 윤주 엄마가 거실에 설치해 놓은 CCTV로 찍은 영상으로, 박금순을 경찰에 아동 학대로 신고하면서 증거로 제출한 것이다. 영상에는 윤주가 밥을 안 먹자 박금순이 화를 내며 밥을 빼앗아 버리는 장면과 윤주가 계속 울자 박금순이 때리려고 손을 들었다가 내리는 장면이 찍혀 있었다.

말이 길어질 것 같으니, 고 변호사가 말을 끊었다.

"어떤 입장이신지는 저희가 잘 알고 있습니다. 충분히 다투어 볼 여지가 있으니 일단은 너무 걱정하지 마시고요. 다음 공판 때 뵙겠습니다."

사건을 의뢰하러 왔을 때 박금순의 입장을 충분히 들었기 때문이다. 박금순이 인사했다.

"네, 그럼 잘 부탁드려요."

그렇게 첫 번째 재판은 끝이 났다. 그리고 2주 후, 두 번째 재판이 열렸다. 먼저 증인으로 참석한 윤주 엄마에게 검사가 질문했다.

"피고인이 윤주를 학대하고 있다는 것은 처음 어떻게 알게 됐나요?"

윤주 엄마가 대답했다.

"이전 아주머니가 봐 주셨을 때는 제가 회사를 가도 윤주가 크게 보채거나 하지 않았거든요. 그런데 박금순 씨가 봐 주기 시작한 이후부터는 자꾸 보채는 거예요."

"피고인이 낯설어서 그랬던 거 아닐까요?"

검사의 질문에 윤주 엄마가 대답했다.

"처음에는 저도 그래서 그러겠거니 생각했어요. 그런데 증상이 점점 더 심해졌어요. 제가 나가려고 하면 저를 꽉 붙잡고 안 떨어지려고 하고, 제가 회사에 갔다 오면 잠시도 떨어지지 않으려고 하고요. 그렇게 분리 불안이 심해지니까 이상하다는 생각이 들었어요. 그리고 더 이상했던 건 저녁밥을 주면 허겁지겁 먹는 거예요. 하루 종일 굶은 애처럼요."

"밥을 잘 먹으면 좋은 거 아닌가요?"

검사가 다시 묻자, 윤주 엄마가 이유를 말했다.

"윤주가 원래 밥을 잘 안 먹거든요. 제가 먹여도 어떤 때는 1시간은 따라다니며 먹여야 해요. 그러던 아이가 갑자기 바뀌니까 이상하다고 생각한 거죠."

"피고인이 밥 먹는 버릇을 잘 들인 것은 아닐까요?"

검사의 말에 엄마는 확신에 찬 목소리로 대답했다.

"밥 먹는 게 좋아서 먹는 것과 배고파서 허겁지겁 먹는 것은 다르죠. 엄마인 제가 그걸 모르겠어요? 여하튼 그래서 거실에 CCTV를 설치했더니, 아주머니가 밥을 안 먹이고, 울면 손찌검까지 하더라고요."

"네, 잘 알겠습니다. 이상입니다."

검사의 말에 판사가 이범에게 말했다.

"변호인, 질문하세요."

이범이 일어나 윤주 엄마 앞으로 가더니 물었다.

"증인은 피고인이 피해 아동에게 밥을 먹이지 않는 모습을 직접 본 적이 있나요?"

"아니요, 직접 본 적은 없어요. 그런데 CCTV에 찍혔잖아요, 밥을 빼앗는 모습이."

윤주 엄마의 대답에 이범은 고개를 끄덕이더니 다시 이어서 물었다.

"네, 그럼 피고인이 피해 아동을 때리는 모습을 직접 본 적이 있나요?"

윤주 엄마가 표정이 굳어지며 대답했다.

"아니요."

이범이 바로 이어서 물었다.

"그럼 혹시 피해 아동의 몸에 맞아서 생긴 멍이라든가, 상처가 있었나요?"

그러자 윤주 엄마가 억울한 듯 말했다.

"아니요, 하지만 티가 안 나게 때렸겠죠. 멍들 정도로 때리면 들킬 수 있으니까요."

이범이 집요하게 캐물었다.

"그건 증인의 생각일 뿐, 실제로 그랬다는 명확한 증거는 없다는 말씀인 거죠?"

"왜 증거가 없어요? CCTV 영상이 있잖아요."

윤주 엄마의 말에 이범은 예상했다는 듯 말했다.

"그렇죠, 그럼 CCTV 영상을 한번 볼까요?"

그러더니 판사에게 요청했다.

"재판장님, 증거로 제출된 CCTV 영상을 법정에서 재생하는 방법으로 증거 조사해 주십시오."

판사가 허락했다.

"네, 지금 보겠습니다. 틀어 주시죠."

동영상이 재생되고, 모두 함께 영상을 시청했다. 영상이 끝나자, 이범이 눈을 날카롭게 빛내며 자신의 의견을 말했다.

"지금 보셔서 아시겠지만, 피해 아동이 밥을 안 먹자, 피고인이 화를 내며 밥을 빼앗은 것은 사실입니다. 하지만 그 후에 다시 밥을 먹였을 수도 있지 않을까요? 또 피고인이 아이가 말을 안 듣고 울자, 화가 나 손을 번쩍 든 것은 사실입니다. 하지만 분명히 때리지는 않았습니다. 그러니 이 영상은 피고인이 피해 아동을 하루 종일 굶겼다거나 때렸다는 주장을 뒷받침할 증거라고 할 수 없습니다."

아동 학대에는 때리거나 꼬집는 등의 신체적 학대뿐 아니라, 소리를 지르거나 위협하는 행동 등으로 아동을 정서적으로 학대한 경우도 해당된다. 그러나 어떻게, 어느 정도로 학대했느냐는 양형을 결정하는 데 큰 영향을 미치기 때문에 문제가 있는 부분을 지적한 것이다. 이범이 논리적으로 따지고 들자, 윤주 엄마는 더 이상 반박할 말을 찾지 못하고 표정이 굳었다.

"이상입니다."

이범이 판사에게 말하자, 판사가 검사에게 물었다.

"증거에 관해서 의견이 있나요?

검사가 심각한 표정을 짓더니, 벌떡 일어나 말했다.

"좀 더 보충이 필요한 것 같아서 피해 아동을 면담한 아동 심리 상담가를 증인으로 신청하겠습니다."

판사가 말했다.

"증인 신청 채택하겠습니다."

그리고 다음 기일을 정해 알려 주고 두 번째 재판을 끝냈다.

1시간 후, 사무실로 들어온 아이들은 검사 측이 신청한 새로운 증인에 대한 대책을 의논하기 위해 회의를 시작했다. 먼저 권리아가 의문을 제기했다.

"심리 상담가를 증인으로 신청한 이유가 뭘까요?"

유정의가 빤하다는 듯 말했다.

"윤주가 분리 불안이 얼마나 심한지, 그리고 그 이유가 박금순 씨 때문이라고 주장하려는 것 아닐까요?"

그러자 양미수가 걱정스러운 표정으로 말했다.

"윤주가 박금순 씨가 때렸다고 말한 건 아니겠죠?"

이범이 고개를 갸웃하며 말했다.

"그랬다면 검사 측이 벌써 증거로 제출하지 않았을까요? 이제 와서 급하게 증인 신청을 한 거면 그건 아닐 것 같은데요."

고 변호사가 의견을 말했다.

"만약 피해 아동이 그런 말을 했다고 해도 인정되기는 쉽지 않을 거예요."

권리아가 물었다.

공소 제기(기소) 검사가 법원에 재판을 청구하여 소송을 일으키는 일

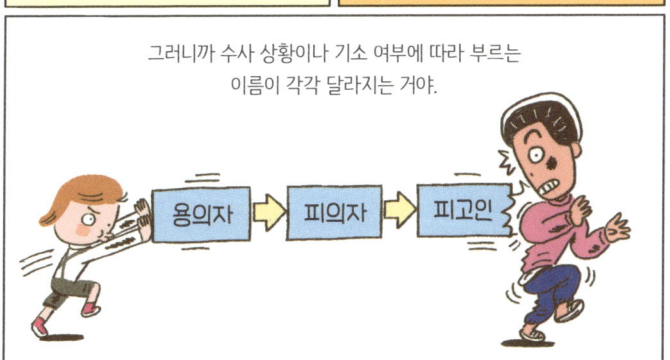

형사 사건에서 범죄 혐의가 있는 사람을 부르는 용어

"왜요? 「형사 소송법」 제146조, '법원은 법률에 다른 규정이 없으면 누구든지 증인으로 신문할 수 있다.'라고 되어 있잖아요. 어린아이라도 자신이 당한 피해 사실을 말한 건데, 당연히 인정해 줘야 하는 거 아닌가요?"

고 변호사가 설명했다.

"어린아이는 현실과 상상을 잘 구별하지 못하는 특성이 있기 때문이죠. 만약 윤주 엄마가 '아주머니가 너 밥 안 줬어? 그래서 배고픈 거야?'라고 묻거나, '왜 울었어? 아주머니가 너 때렸어?'라고 특정 상황을 암시하는 말을 들으면 어린아이는 그걸 사실로 받아들일 수 있어요. 그래서 아동의 증언은 매우 중요하지만, 아동의 연령이나 특성, 환경적인 요인 등 여러 가지 사정을 종합적으로 고려해 판단하게 됩니다."

"아, 네. 그렇겠네요."

권리아가 이해한다는 듯 고개를 끄덕이며 말했다. 그런데 그때, 유정의가 의문을 제기했다.

"그런데 아까 CCTV 영상에서 이상한 부분이 있었어요."

"이상한 부분이요?"

고 변호사의 질문에 유정의가 컴퓨터로 CCTV 증거 영상을 재생하더니, 박금순이 화가 나 손을 번쩍 드는 장면에서 멈추며 말했다.

"이 부분이요. 화가 나 때리려고 손을 번쩍 들더니, 천장 쪽을 힐끗 보잖아요. 혹시 CCTV를 보고 아차 싶어 때리려던 것을 멈춘 것은 아닐까요?"

권리아가 동의하며 말했다.

"저도 이 부분이 걸렸어요. 박금순 씨도 CCTV가 설치된 것을 알고 있었으니, 그 가능성도 있을 것 같아요."

가정집에 아이 돌보미의 육아 상황을 확인할 목적으로 CCTV를 설치할 때는 돌보미의 개인 정보를 녹화, 저장하는 것이기 때문에 「개인 정보 보호법」에 따라, 사전에 돌보미의 동의를 얻어야 한다. 윤주 엄마도 CCTV를 설치하기 전에 박금순에게 동의를 얻었고, 그래서 박금순도 거실에 CCTV가 설치되어 있는 것을 알고 있었다고 했다.

그러자 양미수가 화들짝 놀라며 말했다.

"그럼 CCTV가 없는 곳에서는 때렸을 수도 있겠네요."

이범이 표정이 심각해지며 말했다.

"그건 좀 지나친 추정이지."

하지만 이범도 의심하는 눈초리가 분명했다. 고 변호사가 잠시 생각하더니 말했다.

"박금순 씨에 대해 더 알아보는 게 좋겠네요. 박금순 씨가 이전에도 아이 돌보미를 했다고 하지 않았나요?"

인류 최초의 법전은?

현존하는 인류 최초의 법전은 우르남무 법전이야.

기원전, 수메르의 도시 국가 우르의 왕인 우르남무가 제정한 법으로 알려져 있어.

"지금의 이라크 지방이야."

수메르 서아시아의 메소포타미아 지역에 존재했던 인류 최초의 문명

우르남무 법전의 첫 번째 서판은 두 쪽이 난 채로 발견되었는데, 이후 더 많은 서판들이 발견되어 총 57개의 조항 중 30개 정도를 이해할 수 있게 되었지.

법전의 제1조는 '살인을 저지르면 그 자를 죽인다.'로 시작하는데, 절도, 납치, 노비 관계, 결혼 등 다양한 경우를 다루고 있지.

1. 사람이 살인을 저지르면, 그 자를 죽인다.
2. 사람이 절도를 저지르면, 그 자를 죽인다.
3. 사람이 납치를 저지르면, 그 자를 감금하고 15세겔의 은을 물어야 한다.
4. 노예가 다른 노예와 결혼하고, 그 노예가 자유로워진다면 집을 떠나지 않아도 된다.

또 이 법전은 그 시대의 사회 구조와 풍습 등을 이해할 수 있는 귀중한 자료야.

9. 사람이 첫 아내와 이혼한다면, 남자는 여자에게 1미나의 은을 물어야 한다.
30. 만일 사람이 남의 땅을 몰래 경작하다가 고발당한다면, 그는 토지의 소유권을 거부당하고 경작물을 빼앗긴다.

우르남무 법전은 훗날 함무라비 법전 등 메소포타미아 지방의 다른 법률에 영향을 주었어.

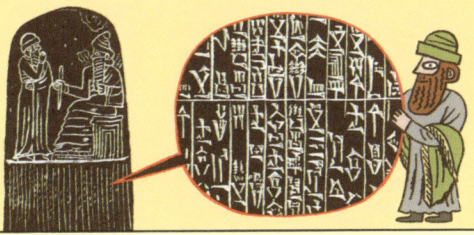

함무라비 법전 고대 바빌로니아의 함무라비 왕이 만든 성문법
메소포타미아 서남아시아 티그리스강과 유프라테스강 사이의 지방

수메르의 우르남무 왕이 제정한 법전이다.

"네, 두 아이를 돌봤다고 했습니다."

권리아가 대답하자, 고 변호사가 말했다.

"그 아이들의 부모를 만나 보세요. 박금순 씨가 아이들을 어떻게 돌봤는지, 박금순 씨 말대로 정말 사랑으로 잘 돌봤는지 알아봅시다."

이범이 대답했다.

"네, 그리고 윤주 데리고 놀이터에 나가 놀았다니까 박금순 씨가 윤주에게 어떻게 하는지 본 사람들이 있을 거예요. 윤주네 동네 사람들의 증언도 들어 보겠습니다."

고 변호사가 고개를 끄덕이며 말했다.

"좋아요. 그럼 수고해 주세요."

"네!"

아이들이 동시에 대답하자, 고 변호사는 회의를 마쳤다. 고 변호사가 나가자, 이범이 아이들과 할 일을 정리했다.

"리아랑 미수는 박금순 씨가 이전에 돌봤던 아이들의 부모를 만나 보고, 정의는 나랑 동네 사람들을 만나 보자."

"네."

아이들은 대답하고, 바로 두 팀으로 나눠 자신들이 해야 할 일을 의논했다. 권리아가 양미수에게 말했다.

"박금순 씨에게 전화해서 부모님들의 연락처를 받자."

"그래, 그러자."

양미수가 동의하자, 권리아는 곧바로 박금순에게 전화해 물었다. 그런데 박금순은 곤란하다는 식으로 말했다.

"바쁜 사람들인데, 그런 증언을 해 줄까요? 미안해서 부탁하기도 그렇고요."

'왜 피하는 거지? 우리가 만나면 안 되는 일이라도 있었던 걸까?'

권리아는 의심하는 마음이 들었지만, 좋은 말로 설득했다.

"그래도 박금순 씨가 아이를 얼마나 사랑하고 잘 키워 주셨는지 증명할 방법은 그것밖에 없어요."

그러자 박금순은 마지못해 말했다.

"네…… 그럼 연락처 보내 드릴게요. 그런데 바빠서 전화 안 받을 수도 있어요."

"저희가 잘 설득해 볼 테니까 걱정 마세요."

권리아는 박금순을 안심시키고 전화를 끊었다. 잠시 후 박금순은 문자로 두 사람의 전화번호를 전송했다. 그래서 권리아는 박금순이 돌봤다는 6세 김아린의 엄마에게, 양미수는 3세 유성은의 엄마에게 각각 전화를 하기로 했다. 다행히 아린 엄마는 곧바로 통화가 되었다. 권리아가 사정을 얘기하고 박금순에 대해 물어보자, 아린 엄마는 곤란한 듯 말했다.

"그렇지 않아도 아주머니가 전화를 하셨는데, 어떻게 해야 할지 모르겠네요."

박금순이 변호사들이 연락하기 전에 먼저 전화해 자신에 대해 잘 말해 달라고 한 모양이었다. 권리아가 말했다.

"솔직하게 말해 주시면 돼요."

그러자 아린 엄마가 털어놓았다.

"솔직히 그 아주머니랑 좋게 끝나지는 않았어요."

"무슨 일이 있었나요?"

권리아가 묻자, 아린 엄마가 대답했다.

"아린이한테 화를 자주 내셨나 봐요. 아린이가 아주머니한테 혼났다는 말을 많이 하더라고요. 게다가 친정어머님이 집에 오셨다가 아주머니가 아린이는 혼자 놀게 하고 TV를 보고 있는 것을 몇 번 보셨어요. 그래서 그냥 어머님이 봐 주시기로 했다고 핑계를 대고 그만두시게 했어요."

"네…… 그러셨군요. 감사합니다. 솔직하게 말씀해 주셔서요."

권리아는 인사하고 전화를 끊었다. 그리고 양미수에게 사실을 전하자, 양미수가 낙심한 표정으로 말했다.

"박금순 씨가 거짓말한 거네! 박금순 씨가 그랬잖아, 자기가 아이를 정말 예뻐하고 잘 봐 준다고. 그래서 엄마들이 엄청 좋아한다고."

박금순이 처음 사무실에 와서 자신에 대해 한 말이다. 권리아도 황당한 표정으로 말했다.

"그러니까. 말씀하신 거랑 많이 다르네."

CCTV 영상도 그렇고, 아린 엄마의 말도 그렇고, 아이들은 박금순이 점점 더 의심스러웠다. 양미수가 성은 엄마에게 연락한 결과를 알렸다.

"성은 어머님은 계속 전화를 안 받으셔서 문자 드렸어."

그러자 권리아가 말했다.

"그럼 늦었으니까 일단 퇴근하자. 답 문자가 오면 그때 통화하면 되니까."

"그래, 그러자."

권리아와 양미수는 자리에서 일어났다.

의뢰인의 거짓말

의뢰인의 거짓말

집으로 돌아가는 길, 권리아가 양미수에게 말했다.

"미수야, 우리 편의점에서 뭐라도 먹고 갈까?"

"좋지."

양미수가 흔쾌히 동의하자, 둘은 신이 나서 편의점으로 들어갔다. 그리고 컵라면과 삼각김밥을 하나씩 골라 맛있게 먹고 있는데, 초등학교 5~6학년 정도 되어 보이는 남자아이가 들어왔다.

"안녕하세요?"

아이가 주인아저씨에게 인사하자, 아저씨도 반겼다.

"어서 와. 저녁 사러 왔구나?"

편의점에 자주 오는 아이인 것 같았다.

"네."

아이가 대답하더니, 바구니를 들고 물건을 고르기 시작했다. 권리아와 양미수는 크게 신경 쓰지 않고 계속 음식을 먹었다. 그런데 문득 양미수의 눈에 아이의 행동이 들어왔다. 물건을 사러 왔으면 사고자 하는 물건을 골라 담으면 되는데, 계속 물건을 들었다 놨다 하고 있는 것이다. 처음에는 마음에 드는 물건이 없어 그러나 했는데, 그게 아니라 물건 가격을 비교하느라 그러는 것 같았다.

'돈이 부족하나?'

양미수는 아이의 모습을 유심히 보며 생각했다. 아이의 차림새로 보아 형편이 그리 넉넉해 보이지 않았기 때문이다. 아니, 입고 있는 옷은 작고 낡아 보였고, 신발은 한 번도 빨지 않은 것처럼 더러웠다. 또 몸과 얼굴은 삐쩍 말라 있고, 머리도 자른 지 오래된 듯 덥수룩했다. 어른의 보살핌을 제대로 받지 못하고 있는 것 같다고나 할까.

아이는 아이스크림 한 개를 계속 들었다 놨다 하더니, 결국 다시 냉동고 안에 넣고 문을 닫았다. 먹고 싶지만, 돈이 없어 포기한 것이다. 그리고 라면 세 개와 햇반 세 개가 담긴 바구니를 계산대에 올려놓으며 말했다.

"계산할게요."

아저씨가 아이가 가져온 물건값을 계산하더니 말했다.

"7,050원."

그러자 아이가 주머니에서 급식 카드를 꺼내 내밀었다.

"여기요."

아동 급식 카드는 「아동 복지법」에 따라 18세 미만의 아동 중 끼니를 거를 우려가 있는 아이에게 밥을 먹을 수 있도록 일정 금액을 카드 형태로 지원하는 서비스다. 그런데 쓸 수 있는 금액이 정해져 있기 때문에 사고 싶은 것을 마음껏 살 수는 없다. 그래서 아이도 계속 가격을 비교하고, 먹고 싶은 아이스크림도 결국 사지 못하고 내려놓은 것이다.

그 모습을 지켜보고 있던 양미수는 갑자기 벌떡 일어나며 권리아에게 말했다.

"디저트로 아이스크림 먹자."

그러더니 권리아가 대답도 하기 전에 아이스크림 냉동고로 가서, 2+1으로 판매하는 아이스크림을 골랐다. 2개를 사면 1개는 공짜로 주는 행사 상품 말이다. 그리고 계산대로 가서 혼잣말을 했다.

"어, 2+1이라 1개가 남네."

양미수의 별명은 '미수테리'다. 성격이 엉뚱하고, 공부에는 관심이 없는데도 변호사 시험에 떡하니 합격했기 때문이다. 양미수는 지금도 갑자기 엉뚱한 행동을 했다.

양미수가 아이에게 아이스크림 하나를 내밀며 말했다.

"이거 너 먹을래?"

아이가 어리둥절한 표정으로 주인아저씨를 쳐다봤다. 권리아는 그제야 양미수가 왜 갑자기 아이스크림을 샀는지 이해했다. 아저씨도 양미수의 마음을 알아채고 말했다.

"먹어, 누나가 주는 거니까."

아이는 얼굴이 환해지며 아이스크림을 받았다.

"감사합니다."

아이는 고개 숙여 인사하고 편의점을 나갔다. 양미수는 아이스크림을 계산하며 물었다.

"저 아이, 이름이 뭐예요?"

"진우, 이진우예요."

아저씨가 대답하자, 어느새 옆에 온 권리아가 물었다.

"진우……. 여기 자주 오나 봐요?"

"그렇죠, 거의 모든 식사를 여기서 해결하니까."

아저씨의 말에 양미수가 깜짝 놀라며 물었다.

"왜요? 부모님이 안 계셔요?"

"엄마는 안 계시는 것 같고, 아빠는 지방에 일하러 가시면 몇 달이고 안 오신대요. 그래서 거의 혼자 지내는 것 같아요."

아저씨의 대답에 양미수가 눈이 동그래져 다시 물었다.

"초등학생인 것 같은데, 혼자 지낸다고요?"

아동 급식 카드

아동 급식 카드는 「아동 복지법」에 의해 결식 우려가 있는 저소득 가정의 18세 미만의 아동에게 급식을 지원하는 카드야.

결식이란, 보호자가 충분한 주식과 부식을 준비하기 어렵거나, 준비할 수 있다고 해도 아동 스스로 식사를 차려 먹기 어려운 경우를 말하지.

아동 급식 카드 발급 대상자
- 기초 생활 수급자, 차상위 계층의 아동
- 한부모 가족 지원 대상 가구의 아동
- 보호자의 사망, 가출, 행방 불명 등으로 보호가 필요한 아동
- 보호자의 사고, 질환 등으로 양육이 어려운 가구의 아동
- 월 건강 보험료가 중위 소득 52% 이하인 가구의 아동

거주하고 있는 지역의 행정 복지 센터나 복지로 온라인 사이트를 통해 신청하면,

지방 자치 단체에서 정한 한 끼 금액이 지원 횟수에 맞춰 매월 급식 카드에 충전돼.

1식 9,000원
× 1일 1식
× 30일
270,000원

일반 음식점, 편의점 등 아동 급식 가맹점에서 급식 카드를 이용해 결제하면 되는데,

아동·청소년 판매 금지 품목이나 아동의 건강에 유해한 고카페인 함유 음료, 생활용품, 학용품 등 아동 급식과 관련 없는 물품은 살 수 없어.

결식 우려가 있는 아동에게 급식을 지원하는 카드

"네, 초등학교 6학년이에요."

아저씨가 대답하자, 권리아가 기막혀 하며 말했다.

"어린아이를 혼자 지내게 하다니, 이건 방임인데요."

방임이란, 아이를 돌봐야 할 보호자가 제대로 돌보지 않고 내버려두는 것을 말한다. 「아동 복지법」 제17조 제6항에 따르면, 자신의 보호, 감독을 받는 아동을 유기하거나 의식주를 포함한 기본적 보호, 양육, 치료 및 교육을 소홀히 하는 방임 행위를 하여서는 안 된다고 규정하고 있다.

권리아가 단호한 목소리로 말을 이었다.

"아동 방임은 「아동 복지법」상 아동 학대에 해당되어 처벌받을 수 있어요."

「아동 복지법」은 아동이 건강하게 출생하여 행복하고 안전하게 자랄 수 있도록 아동의 복지를 보장하기 위해 만든 법이다. 「아동 복지법」 제2조 제2항에는 아동은 완전하고 조화로운 인격 발달을 위해 안정된 가정 환경에서 행복하게 자라나야 한다고 명시되어 있다. 또 제4항에는 아동은 아동의 권리를 보장하고, 복지를 증진시키기 위해, 이 법에 따른 보호와 지원을 받을 권리를 가진다고 되어 있다. 그래서 보호자가 아동을 방임했을 때는 5년 이하의 징역 또는 5천만 원 이하의 벌금에 처할 수 있다.

주인아저씨가 상황을 전했다.

"그래서 진우의 학교 담임 선생님이 진우 아빠를 아동 학대로 신고하기도 했다는데, 별로 달라진 게 없더라고요."

아동 학대가 의심되면, 경찰이나 아동 보호 전문 기관에 신고하면 된다. 그럼 보호자가 아동을 학대했는지 조사하고, 학대가 확인되면 보호자를 처벌한다. 그런데 보호자가 아동을 학대하고 있다고 해도 보호자로부터 아동을 분리시키는 것은 쉽지 않다. 보호자가 잘못했다, 앞으로는 잘 돌보겠다고 하면, 대부분의 경우에 보호자가 다시 아동을 돌보게 할 수밖에 없기 때문이다. 그러니 진우도 그렇게 됐을 것이다.

"어떡해. 너무 안됐어요."

양미수가 마음 아파하며 말했다. 권리아는 비쩍 마른 진우의 모습을 떠올리며 생각했다.

'그대로 두면 안 될 것 같은데……'

그렇지만 아무 연관도 없는 자신이 나서기도 애매한 상황이다. 권리아는 안타까운 마음이 들었지만, 그냥 잊어버리기로 했다. 당장 박금순 사건을 해결하기 위해 할 일이 많기 때문이다.

한편 그 시각, 이범과 유정의는 윤주네 동네에 가서 이웃 사람들을 만났다. 그런데 대부분 박금순에 대해서는 잘 몰랐다.

복지

국가가 국민 전체의 행복한 삶을 위해 하는 일

아동 학대는 흔히 부모와 같은 보호자로부터 발생하는 데다,

아동의 나이가 어려서, 또는 보호자의 강압에 의해 직접 신고하기 힘든 경우가 많아.

그래서 학대가 의심되는 아동을 발견하면, 관심을 갖고 잘 관찰해야 해.

학대를 당하고 있나?

그리고 아동 학대를 목격하거나 의심되는 경우는 누구나 112로 신고하면 돼.

또 유치원이나 학교 등 아동 관련 시설에서 일하는 사람은 아동 학대 범죄를 알게 되거나 의심되는 경우, 즉시 신고해야 해.

「아동 학대 범죄의 처벌 등에 관한 특례법」 제10조(아동 학대 범죄 신고 의무와 절차) ② 직무를 수행하면서 아동 학대 범죄를 알게 된 경우나 그 의심이 있는 경우에는 즉시 신고하여야 한다.

만약 위급 상황이 발생하면, 동네의 편의점이나 약국 등 '아동 안전 지킴이집'을 이용할 수 있어.

학대가 의심되는 아동을 잘 관찰하고, 112에 신고한다.

"윤주 키워 주시는 돌보미요? 글쎄요, 그냥 지나가다 봐서 잘 모르겠어요."

"그 집 돌보미가 오는 건 아는데, 직접 본 적은 없어요."

박금순의 말로는 거의 매일 놀이터에 데리고 나가서 놀았다는데, 본 사람이 거의 없다는 게 이상했다. 그런데 놀이터에 가자, 마침 윤주 또래의 아이들과 엄마들이 있었다. 이범과 유정의가 변호사임을 밝히고 박금순에 대해 물었다. 한 아이 엄마가 말했다.

"몇 번 본 적은 있어요. 그런데 그 아주머니 좀 이상해요."

"이상하다고요?"

유정의가 의아한 표정으로 묻자, 아이 엄마가 대답했다.

"네, 아이를 데리고 나왔으면 아이가 잘 노는지, 다치지는 않는지 지켜봐야 하는데, 계속 휴대 전화만 보고 있더라고요."

그러자 옆에 있던 아이 엄마도 말했다.

"맞아요, 윤주가 흙을 먹고 있는데도 쳐다보고만 있더라고요. 넘어졌을 때도 그냥 앉아서 일어나라고 말만 하고요. 그래서 윤주 엄마한테 얘기해 줘야 하나 생각하고 있었어요."

한마디로 박금순이 윤주를 제대로 보살피지 않았다는 말이다. 이범과 유정의도 박금순이 거짓말했음을 깨달았다.

유정의가 말했다.

"거봐요, 제가 수상하다고 했잖아요."
이범도 굳은 표정으로 고개를 끄덕였다.
다음 날 아침, 양미수는 성은 엄마로부터 답 문자를 받았다.

> 답변이 늦어서 죄송해요. 만나 뵙고 말씀드리는 게 좋을 것 같은데, 혹시 점심시간에 회사로 와 주실 수 있나요?

문자를 보고, 권리아가 말했다.
"간다고 해."
만나서 얘기하자는 것이 왠지 심상치 않게 느껴졌기 때문이다.
"그래야지."
양미수는 대답하고 얼른 문자를 보냈다.

> 그럼요, 점심시간에 찾아뵙겠습니다.

그러자 성은 엄마가 회사 주소를 보내 주었다. 권리아와 양미수는 시간에 맞춰 성은 엄마를 만나러 갔다.
"안녕하세요? 연락드렸던 법무 법인 지음의 양미수 수습 변호사입니다."

양미수가 변호사 명함을 내밀며 인사했다.

"저는 권리아입니다. 시간 내 주셔서 감사합니다."

권리아도 명함을 주며 인사하자, 성은 엄마는 명함과 두 사람을 번갈아 보며 신기한 듯 말했다.

"어린 분들 같은데, 벌써 변호사가 되셨네요."

"네, 아직 수습이에요."

양미수가 겸손하게 말하자, 성은 엄마가 웃으며 말했다.

"그래도 대단하시네요."

그러더니 조심스럽게 말을 꺼냈다.

"사실 아주머니가 잘 말해 달라고 전화를 하셨는데, 문자를 받고 생각해 보니, 이번에도 아동 학대로 문제가 생긴 것이면 그냥 넘어가면 안 되겠더라고요."

권리아가 조심스레 물었다.

"성은이 봐 주실 때도 아동 학대 문제가 있었나요?"

"네, 어느 날 보니까 성은이의 엉덩이와 팔에 멍이 생긴 거예요. 성은이는 아주머니가 때렸다는데, 아주머니는 성은이가 놀다가 넘어진 거라고 딱 잡아떼더라고요. 그래서 내가 화가 나서 경찰에 신고한다고 했더니, 싹싹 빌더라고요. 돌보미 자격이 취소되면 당장 먹고살 길이 막막하다고. 하도 사정을 하기에 그날로 그만두라고 했죠. 그런데 이렇게 다른 아이한테 또 그럴 줄은 몰랐네요."

권리아와 양미수는 황당해 할 말을 잃었다. 절대 아동 학대는 하지 않았다고 주장한 박금순의 말을 철석같이 믿었는데, 다 거짓말이었던 것이다.

성은 엄마가 이어 물었다.

"아주머니가 그러던가요? 아동 학대는 하지 않았다고?"

"그렇죠……."

권리아가 대답하자, 성은 엄마가 단호한 목소리로 말했다.

"변호사니까 아주머니 편에서 일하셔야겠지만, 이번에도 그냥 넘어가면 또 다른 피해자가 생길 수도 있지 않을까요? 그러니까 잘 생각하시고 변호하시는 게 좋을 것 같아요."

아이들은 머리를 한 대 얻어맞은 것 같은 느낌이 들었다. 의뢰인 중에는 벌을 받지 않기 위해 자신의 범죄 혐의를 감추고 거짓말을 하는 경우가 더러 있다. 자신을 변호하는 변호사에게도 말이다. 그런 경우, 변호사는 의뢰인의 말을 믿을 수밖에 없다. 감쪽같이 속이려고 드는 데 별 방도가 없기 때문이다. 그래서 아이들도 박금순이 화를 내기는 했지만, 그건 훈육을 위한 것이었을 뿐, 아이를 굶기거나 때리지는 않았다는 박금순의 말을 믿은 것이다.

권리아가 성은 엄마에게 감사 인사를 했다.

"네, 말씀 감사드립니다. 도움이 많이 됐어요. 저희가 잘 알아보고 판단을 내리도록 하겠습니다."

"두 분 보니까 잘 판단해서 하실 것 같네요."

성은 엄마가 미소를 띠며 말했다. 돌아오는 길, 양미수가 기막혀 하며 말했다.

"우리가 박금순 씨한테 완전히 속은 거네."

"우리가 어려서 만만해 보였나."

권리아도 황당해하며 말했다.

그날 오후, 모두 회의실에 모여 조사한 사실을 전하자, 고 변호사가 심각한 표정으로 말했다.

"의뢰인이 거짓말했다는 거네요."

이범이 실수를 인정했다.

"네, 의뢰인의 말만 믿지 말고, 더 조사를 했어야 했는데, 실수한 것 같습니다."

그러자 권리아가 화난 목소리로 말했다.

"그래도 변호인한테까지 거짓말하면 안 되는 거 아니에요?"

고 변호사가 피식 웃으며 물었다.

"그럼 모든 의뢰인이 다 진실만 말할 줄 알았나요?"

"그건 아니지만…… 이렇게 감쪽같이 속일 줄을 몰랐어요."

그러자 고 변호사가 단호한 표정으로 말했다.

"제대로 알아보지 못한 우리의 잘못이죠. 그리고 이렇게 다른 사람들의 말만 믿고, 의뢰인을 의심하는 것 또한 잘못입니다. 아무리 그래도 의뢰인의 말을 한 번 더 들어 보는 게 순서 아닐까요?"

맞는 말이다. 의뢰인을 믿고 의뢰인을 변호하는 것이 변호인의 할 일이니까 말이다. 유정의가 눈치 빠르게 말했다.

"박금순 씨 들어오시라고 하겠습니다."

그리고 곧바로 박금순에게 전화했다. 2시간 후, 박금순이 사무실에 오자, 먼저 이범이 동네 사람들에게 들은 이야기를 전했다. 그러자 박금순이 펄쩍 뛰었다.

"중요한 연락이 올 게 있어서 잠깐 휴대 전화를 본 거예요. 그 사람들 정말 이상한 사람들이네."

그러더니 아이들의 눈치를 살피며 물었다.

"아린 엄마랑 성은 엄마는 만나 보셨어요?"

권리아가 날카로운 목소리로 대답했다.

"네, 그런데 두 분도 좋게 말씀하시지는 않던데요."

그러자 박금순이 따져 물었다.

"그래요? 그 사람들이 뭐라고 했는데요?"

권리아는 아린 엄마와 성은 엄마에게 들은 말을 그대로 전했다. 그러자 박금순이 갑자기 화를 버럭 내며 말했다.

"아유, 증인이고 뭐고 다 그만두세요. 어차피 내가 학대했다는 명확한 증거도 없잖아요. 가만히 있어도 무혐의가 날 텐데, 괜히 쓸데없는 짓을 할 필요 없어요."

아이들은 박금순이 처음부터 증거가 없다고 생각해 의도적으로 거짓말을 했음을 깨달았다. 그런데 그때, 고 변호사가 단호하게 말했다.

"아니요, 그건 안 됩니다."

예상치 못한 고 변호사의 말에 박금순도, 아이들도 깜짝 놀랐다. 박금순이 따지듯이 물었다.

"왜요? 변호사가 의뢰인이 원하는 대로 해야죠!"

"의뢰인을 변호하는 것이 변호사의 임무인 것은 맞습니다. 하지만 변호사가 의뢰인을 신뢰할 수 없는데, 어떻게 변호를 하겠습니까?"

고 변호사의 말에 박금순은 입을 다물었다. 그때, 유정의가 컴퓨터로 CCTV 영상을 재생해 보여 주며 물었다.

"잠깐 여쭤볼 게 있는데요. 여기, 윤주를 때리려다 멈칫하는 장면이요. CCTV를 보고 찍힐까 봐 멈춘 거 아닙니까?"

박금순이 흠칫하며 얼굴이 빨개졌다. 자신의 속마음을 들켜 버리니 당황한 것이다. 고 변호사가 단호한 목소리로 다그쳤다.

"거짓 없이 사실대로 말씀해 주셔야 합니다."

박금순은 더 이상 둘러댈 말이 없자, 그제야 털어놓았다.

"아유, 그래요. 얘가 하도 밥을 안 먹어서 몇 번 빼앗고 안 먹인 적은 있어요. 화가 나서 엉덩이도 몇 번 때렸고요. 그런데 세게는 안 때렸어요. 정말이에요."

그러고는 의기양양한 표정으로 물었다.

"이제 다 털어놨으니, 제가 원하는 대로 변호해 주실 거죠?"

아이들은 동시에 고 변호사를 쳐다봤다. 고 변호사가 어떻게 결론을 내릴지 궁금했기 때문이다. 고 변호사는 잠시 뜸을 들이더니 말했다.

"그건 힘들 것 같습니다. 왜냐하면 다음 공판에 저쪽에서 어떤 증거를 들고 나올지 모르는 상황이거든요. 그러다 거짓말한 것이 탄로 나면, 더 큰 벌을 받게 될 거예요."

"그럼 어떡해요?"

박금순이 짜증을 내며 묻자, 고 변호사가 대답했다.

"가장 좋은 방법은 윤주 부모님께 사실대로 털어놓고, 합의하는 겁니다. 합의하면 양형에 참작이 될 테니까요."

양형이란, 재판에서 형벌의 정도를 정하는 일을 말한다. 그러나 박금순은 손사래를 치며 반대했다.

"그건 안 돼요. 윤주 부모는 깐깐해서 합의할 사람들이 아니에요. 오히려 내가 자백하면, 그걸 증거로 삼을 거예요. 그렇게 나올 게 빤한데 왜 그런 짓을 해요. 가만히 있으면 잘 빠져나갈 수 있는데."

아이들은 박금순의 뻔뻔한 말과 행동에 더 이상 할 말이 없었다. 고 변호사도 표정이 좋지 않았다. 고 변호사가 자리를 정리했다.

"어떤 생각이신지는 잘 알겠습니다. 저희가 의논을 좀 해 보고 연락드리겠습니다."

박금순은 잘 부탁한다는 말을 남기고 돌아갔다. 박금순이 나가자마자, 권리아가 흥분해 말했다.

"진짜 나쁜 사람이네요. 저는 저런 사람은 정말 변호하기 싫어요."

양미수도 동의했다.

"저런 사람은 다시는 아이 돌보미를 못 하게 해야 해요."

그러자 유정의가 난감한 표정으로 말했다.

"그렇다고 변호를 하지 못하겠다고 할 수는 없잖아요. 살인자도 변호를 받을 권리가 있잖아요. 착한 사람만 골라서 변호

할 수는 없는 일이니까요."

하지만 권리아는 단호한 목소리로 주장했다.

"변호사도 의뢰인과 마음이 맞지 않으면, 변호를 하지 않겠다고 결정할 수 있는 권리가 있어."

권리아의 별명은 '또또 권리'다. 권리아라는 이름에서 나온 것이기도 하지만, 권리라는 말을 자주 쓰기 때문이다.

고 변호사가 이해한다는 듯 끄덕이며 말했다.

"진실에 대한 발견과 의뢰인에 대한 충성, 둘 중 어떤 것을 택할 것인지는 언제나 어려운 문제죠."

의뢰인이 거짓을 말했다는 것을 알게 됐을 때, 변호사가 늘 하는 고민인 것이다. 고 변호사가 갑자기 이범에게 물었다.

"이 변호사는 둘 중 어떤 것을 선택하고 싶은가요?"

이범이 잠시 생각하더니 진지한 표정으로 대답했다.

"저는…… 진실에 대한 발견입니다. 제가 변호사가 된 것은 진실을 알리고 싶어서였거든요. 피해자든 가해자든 거짓이 아닌 진실로 법의 심판을 받게 하고 싶습니다. 그러니 진실을 알고도 덮어 버리는 것은 제 신념에 맞지 않습니다."

역시 멋진 이범이다. 마치 정의의 사도 같다고나 할까. 이범의 말에 아이들은 존경하는 표정으로 이범을 우러러봤다. 그러자 고 변호사가 피식 웃으며 말했다.

양형

형법에 따르면, 형을 정할 때는 범인의 연령, 환경, 범행의 동기 등을 참작해야 하며, 정상을 참작해 형을 줄여 줄 수 있다고 되어 있거든.

「형법」 제51조(양형의 조건) 형을 정함에 있어서는 다음 사항을 참작하여야 한다.
1. 범인의 연령, 성품과 행실, 지능과 환경
2. 피해자에 대한 관계
3. 범행의 동기, 수단과 결과
4. 범행 후의 정황
…
제53조(정상 참작 감경) 범죄의 정상에 참작할 만한 사유가 있는 경우에는 그 형을 감경할 수 있다.

참작 이리저리 비추어 보아서 알맞게 고려함
정상 딱하거나 가엾은 상태, 있는 그대로의 사정과 형편

그래서 판사는 보통 양형 위원회에서 만든 양형 기준을 참고하여 형량을 정해.

양형 위원회
양형 기준을 설정하고 변경하는 일을 하는 기관

양형 기준
법관이 형을 정할 때 참고하는 기준

형벌의 정도를 정하는 일

성문법과 불문법

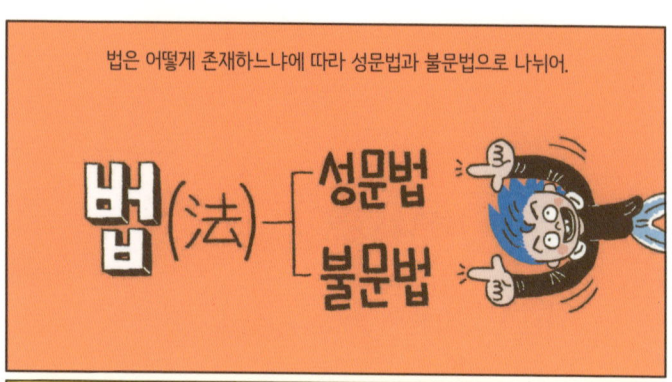

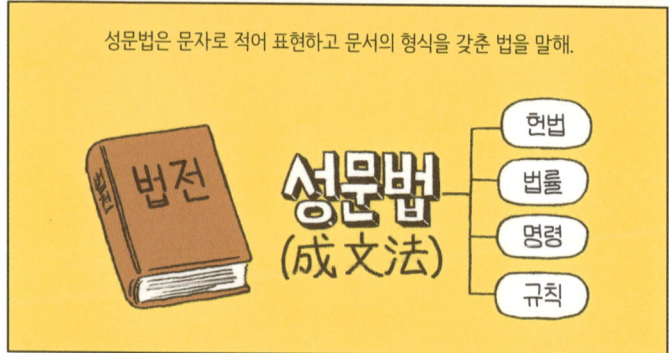

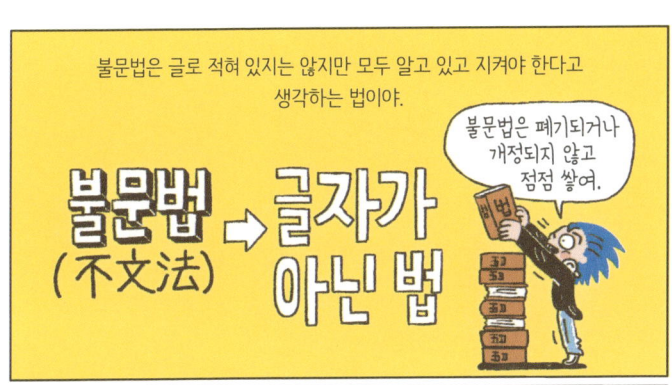

법이 존재하는 모습에 따라 나뉜다.

"그럼 변호를 하지 못하겠다는 사람 셋, 하겠다는 사람 둘이네요. 3대 2. 다수결의 원칙에 의해 사임하는 걸로 하죠."

"네? 정말요?"

갑작스러운 결론에 아이들이 어리둥절하고 있는데, 고 변호사가 이범에게 말했다.

"박금순 씨에게 사임하겠다고 알리고 법원에 사임계를 내세요."

"네."

이범이 대답하자, 고 변호사가 벌떡 일어나며 말했다.

"그럼 회의 끝! 내일 봅시다."

고 변호사가 나가자, 유정의가 황당한 표정으로 말했다.

"뭐야, 어떻게 된 거야? 고 변호사님은 계속 변호를 하겠다는 의견이었다는 거잖아. 그런데 왜 갑자기 다수결로 결정이 난 거지?"

양미수가 자신의 생각을 말했다.

"말씀만 그렇게 하신 거고, 실제로는 고 변호사님도 하기 싫으셨던 거 아닐까?"

그러자 유정의가 억울한 표정으로 말했다.

"나도 하기 싫었거든. 그리고 내가 언제 하겠다고 했냐, 이제 와서 변호를 안 할 수는 없지 않겠냐고 한 거지."

"알았어, 알았어. 여하튼 안 하기로 했으니까 잘된 거잖아."

권리아의 말에도 유정의는 서운한지 뾰로통한 표정을 지었다. 양미수가 걱정되어 말했다.

"그런데 우리가 사임해도 다른 변호사 선임해서 재판에 이기면 어떡하지? 그리고 또 아이 돌보미를 하면?"

권리아가 눈을 반짝이며 말했다.

"우리가 조사한 거, 검사님한테 슬쩍 흘릴까?"

이범이 단호한 목소리로 주의를 줬다.

"그건 안 돼. 변호인이 의뢰인의 비밀을 누설할 수는 없어."

"그냥 해 본 소리예요."

권리아가 겸연쩍은 표정으로 말했다. 여하튼 박금순 사건은 결국 변호인을 사임하는 것으로 결론이 났다.

혼자 사는 아이

혼자 사는 아이

일이 마무리되고, 권리아와 양미수는 간식거리를 사기 위해 자주 가는 편의점으로 갔다.

"안녕하세요?"

권리아와 양미수가 문을 열고 들어가며 인사하자, 주인아저씨가 유독 반겼다.

"어, 왔네요! 마침 잘 왔어요."

그러더니 앞에 있는 아이에게 말했다.

"이 누나들이야. 기억나지?"

권리아와 양미수가 보니, 지난번에 만났던 이진우라는 아이였다. 권리아가 먼저 인사했다.

"안녕? 또 만났네."

진우도 반기며 인사했다.

"안녕하세요?"

그러자 주인아저씨가 말했다.

"진우가 변호사님들 언제 오냐고 묻고 있었거든요."

양미수가 의아한 표정으로 물었다.

"저희를요?"

진우가 권리아와 양미수를 번갈아 보며 물었다.

"네, 그런데 누나들이 진짜 변호사 맞아요?"

"응, 맞아. 왜?"

권리아가 대답하며 묻자, 진우가 굳은 표정으로 말했다.

"아빠를 아동 학대로 고소하고 싶어서요."

양미수가 화들짝 놀라며 되물었다.

"아빠를? 아동 학대로?"

권리아는 이전에 아저씨로부터 들은 진우의 사정이 생각났다. 진우 아빠가 진우를 방임하고 있다는 것 말이다. 그래도 그렇지, 아빠를 아동 학대로 고소한다니.

"왜? 아빠랑 무슨 일 있었어? 혹시 아빠한테 맞았니?"

권리아가 걱정스러운 표정으로 물었다. 진우 아빠가 진우를 방임하는 것도 모자라 폭력까지 휘두르는 것은 아닐까 생각했다. 진우가 고개를 저으며 대답했다.

"아니요, 때리지는 않았어요. 그런데 아이를 낳고 제대로 키우지 않는 것도 아동 학대라면서요."

아저씨가 설명을 덧붙였다.

"진우 사정이 너무 딱해서 내가 진우한테 변호사님들 얘기를 했거든요."

"아, 네."

권리아와 양미수가 상황을 파악하고 고개를 끄덕이자, 아저씨가 부탁했다.

"바쁘겠지만, 진우 좀 도와주세요. 계속 이렇게 밥도 제대로 못 먹으면서 혼자 살게 할 수는 없잖아요."

아저씨의 따뜻한 마음에 권리아는 흔쾌히 말했다.

"그럼요, 당연히 도와야죠."

사실 지난번에 진우의 사정을 전해 듣고, 권리아는 계속 마음에 걸렸다. 하지만 박금순 사건을 해결하느라 마음의 여유도, 시간도 없었다. 또 진우네 사정을 정확하게 알지 못하니 먼저 나서기도 어려웠다. 그런데 이렇게 진우가 도와달라고 하니, 오히려 다행이라는 생각이 들었다.

권리아의 말에 아저씨가 탁자를 가리키며 말했다.

"자, 앉아서 자세히 말씀드려."

아이들이 탁자에 둘러앉자, 아저씨가 음료수를 내주며 말했다.

"그럼 잘 부탁해요."

"네, 감사합니다."

권리아와 양미수가 인사했다. 권리아가 진우에게 물었다.

"아빠는 집에 얼마 만에 한 번씩 오시니?"

"한 달에 한 번 정도인데, 어떤 때는 두 달에 한 번 오실 때도 있어요."

진우의 대답에 양미수가 조심스레 물었다.

"어머님은?"

"제가 여섯 살 때 아빠랑 이혼하셨어요."

"그럼 그때부터 혼자 지낸 거야?"

양미수가 눈이 동그래져 묻자, 진우가 고개를 저으며 대답했다.

"아니요, 할머니가 돌아가신 후부터요."

엄마와 아빠가 이혼한 후, 진우는 할머니와 아빠와 살았단다. 할머니가 살아 계셨을 때도 아빠는 지방을 돌며 일을 했기 때문에 거의 집에 안 왔는데, 그래도 할머니가 돌봐 주셔서 그럭저럭 지낼 수 있었다. 그런데 2년 전, 할머니가 갑자기 암으로 돌아가시고 나서부터는 줄곧 혼자 지냈다는 것이다.

양미수는 진우가 아동 급식 카드로 먹을 것을 사며 한참을 망설였던 것이 생각나 물었다.

"아버지가 생활비는 안 보내 주시니?"

"오실 때마다 조금씩 주세요."

진우의 대답에 양미수는 울컥한 마음이 들었다.

"힘들었겠다."

양미수가 진우의 마음을 이해해 주자, 진우는 고개를 끄덕이며 눈물을 흘렸다. 권리아와 양미수의 눈에도 눈물이 고였다. 권리아가 목소리를 가다듬으며 진우에게 설명했다.

"흠흠, 일단 네 말대로 아빠가 너를 방임하는 게 사실이라면, 네가 아빠를 아동 학대로 고소하는 것이 가능하기는 해."

「형사 소송법」 제224조에 의하면, 부모나 조부모 등 자기의 직계 존속은 고소하지 못하게 되어 있다. 그러나 「아동 학대 범죄의 처벌 등에 관한 특례법」 제10조 제4항의 2를 보면, 아동 학대 피해 아동은 「형사 소송법」 제224조에도 불구하고 아동 학대 행위자가 자기의 직계 존속인 경우에도 고소할 수 있게 되어 있다.

"그런데 정말 아빠를 아동 학대로 고소하고 싶어?"

권리아가 묻자, 진우가 눈물을 흘리며 대답했다.

"네, 흑흑. 매일 배고프고 외롭고 힘들어서, 차라리 보육원에 가는 게 나을 것 같아요."

아빠가 계시는데도 오죽하면 보육원에 가는 게 더 나을 것

같다는 말을 하겠는가. 권리아와 양미수는 마음이 너무 아팠다. 권리아와 양미수는 진우를 도와주기로 결심했다.

"그럼 같이 해 보자."

권리아의 말에 진우가 놀라며 물었다.

"정말요?"

양미수가 명함을 주며 말했다.

"그래, 내일 사무실로 와."

진우가 명함을 받으며 고개 숙여 인사했다.

"감사합니다. 정말 감사합니다."

그리고 다음 날 아침, 권리아와 양미수는 이범과 유정의에게 진우의 사연을 전했다. 이야기를 다 듣고 나더니, 유정의가 의문을 제기했다.

"도와줘야 할 것 같긴 한데, 고 변호사님이 허락하실까?"

권리아와 양미수는 선뜻 대답할 수 없었다. 변호사에게 일을 맡기려면 수임료(사건을 처리한 대가로 지불하는 돈)를 내야 하는데, 진우는 그걸 낼 형편이 안 된다. 그럼 무료로 해 줘야 하는데, 고 변호사가 허락하지 않을 확률이 높지 않겠는가. 유정의가 의견을 더했다.

"차라리 국선 변호인을 선임할 수 있게 도와주는 게 더 낫지 않을까?"

몸에 상처가 자주 보일 때, 지각이나 결석이 잦을 때 등

국선 변호인은 경제적인 이유 등으로 인해 변호사를 선임할 수 없는 경우, 법원이 선임하여 붙이는 변호사를 말한다. 특히 아동 학대 피해자는 누구나 경찰서, 검찰청 등 수사 기관을 통해 피해자 국선 변호인의 지원을 받을 수 있다.

양미수가 난처한 표정으로 말했다.

"우리가 도와주겠다고 벌써 말했는데."

유정의가 짜증을 내며 말했다.

"그러니까 왜 그런 책임지지도 못할 약속을 해. 고 변호사님이 아시면 불호령 떨어지게."

그동안 자신들을 마음에 들어 하지 않는 고 변호사 때문에 아이들은 곤란한 상황을 여러 번 겪었다. 다행히 개 물림 사건으로 시작된 동물 학대와 아동 학대 사건에서 승소하면서 분위기가 겨우 나아졌는데, 다시 또 미운털이 박히는 게 아닌가 걱정이 되었다.

그런데 그때, 가만히 듣고 있던 이범이 말했다.

"내가 대표님께 말씀드려 볼게."

"정말요?"

아이들이 눈이 동그래져 동시에 물었다. 이범의 별명은 '범생이'다. 범생이는 모범생을 낮춰 부르는 말로, 이범은 머리가 좋고 똑똑하고 성실하지만, 올곧은 성격이 지나쳐 융통성이

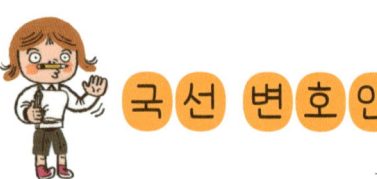

없는 편이기 때문이다. 그런데 대표님께 진우 사건을 맡게 해 달라고 직접 부탁을 한다니, 놀라울 수밖에. 여하튼 이범이 나선다는 말에 양미수가 신나서 말했다.

"그러면 되겠네요. 헤헤."

대표가 사건을 맡으라고 하는데, 고 변호사가 안 하겠다고 하지는 못할 것 같았다. 게다가 대표는 형편이 좋지 않은 사람들에게는 무료 변론도 많이 해 주는 사람이다. 그러니 진우의 사정을 들으면, 당연히 사건을 맡으라고 하지 않겠는가. 유정의도 이범의 말에 수긍했다.

"그럼 다행이네요."

권리아와 양미수는 이범이 적극적으로 나서 주니 마음이 든든했다.

그런데 이범이 한대호 대표 변호사에게 진우의 사정을 이야기하고 사건을 맡고 싶다고 하자, 한 대표가 물었다.

"고 변호사는 알고 있나?"

"아니요."

이범이 대답하자, 한 대표가 다시 물었다.

"왜 이야기를 안 한 거지? 고 변호사가 수임료를 못 받으면 안 맡을 것 같아서?"

이범의 속마음을 알고 묻는 말에, 이범은 얼굴이 붉어졌다.

국선 변호인

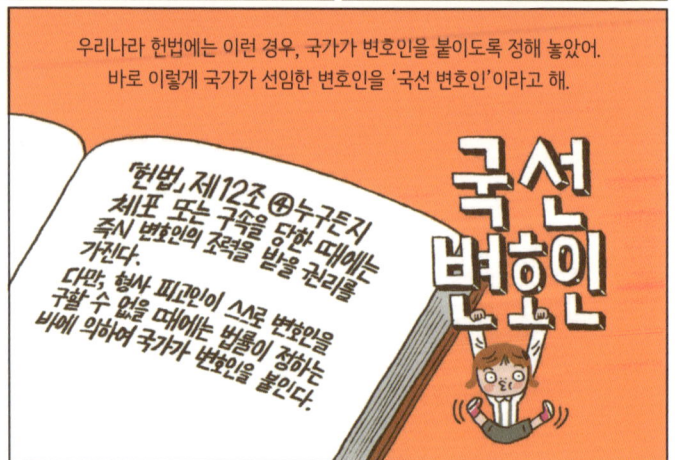

변호인을 선임할 수 없는 경우, 법원에서 무료로
선임해 주는 변호사

"네, 그러니까 대표님이 사건을 맡으라고 하시면 고 변호사님도……."

맡지 않겠느냐는 말을 하려는데, 한 대표가 말을 자르며 말했다.

"그래도 시니어 변호사인 고 변호사에게 먼저 이야기하는 게 순서 아닌가?"

한 대표의 단호한 말에 이범은 당황했다. 한 대표에게 말하면 흔쾌히 허락할 거라고 생각했기 때문이다. 이범이 당황하자, 한 대표가 말을 이었다.

"고 변호사와 의논해 봐. 그리고 이번 일은 이범답지 않은 행동이었어."

이범은 절차를 무시하거나 건너뛰는 법이 없는 성격이라고 생각했기 때문이다. 이범이 한 대표의 말을 알아듣고 잘못을 인정했다.

"감정이 앞서서 실수했습니다. 죄송합니다."

"그래, 나가 봐."

한 대표의 말에 이범은 고개 숙여 인사하고 방을 나왔다. 그런데 그런 이범의 뒷모습을 보며, 한 대표가 피식 웃었다.

"감정이 앞섰다고? 훗! 이범이 웬일이야?"

한 대표는 이범의 행동이 달라진 이유가 궁금했다.

 한 대표의 방에서 나온 이범은 곧바로 고 변호사의 방으로 갔다. 그리고 진우의 사정에 대해 이야기했다. 고 변호사가 표정이 심각해지며 되물었다.
 "아빠를 고소하고 싶다고요?"
 "네."
 이범이 대답하자, 고 변호사가 고개를 끄덕이며 말했다.
 "쉬운 사건은 아니네요."
 그러더니 다시 물었다.
 "진우는 언제 온다고 했죠?"
 "학교 끝나고 4시쯤에 온다고 했습니다."
 이범의 대답에 고 변호사가 선뜻 말했다.
 "알겠습니다. 그럼 4시에 회의실로 갈게요."
 순간, 이범은 당황했다.
 '엥? 이렇게 쉽게?'
 고 변호사가 이렇게 쉽게 진우를 만나겠다고 하다니. 이범은 고 변호사가 안 된다고 하면, 어떻게든 설득해 보려고 마음을 단단히 먹고 있었는데 말이다.

'대표님은 알고 계셨던 거야, 고 변호사님이 흔쾌히 사건을 맡을 것을.'

하기야 한 대표는 고 변호사와 오랫동안 같이 일을 했으니, 이범보다 고 변호사에 대해 훨씬 잘 알고 있을 것이다. 이범은 한 대표가 목소리가 크고, 무슨 일이든 대포처럼 밀어붙이는 성격이라 '한대포'라는 별명으로 불리지만, 사실 사람의 속마음을 꿰뚫어 보는 예리한 눈을 갖고 있다는 것을 다시 한번 느꼈다. 그나저나 고 변호사는 어쩐 일로 진우 사건을 맡겠다고 하는 것일까.

이범은 고 변호사의 방을 나와 아이들에게 소식을 전했다. 유정의 역시 놀랍다는 반응을 보였다.

"오, 의외인데요."

권리아는 신이 나서 말했다.

"고 변호사님도 진우의 사정이 안타까우셨나 보지."

양미수가 감동한 듯 눈을 반짝이며 말했다.

"알고 보면 고 변호사님도 따뜻한 분인 것 같아. 지난번에 리아가 증인을 못 찾았을 때도 함께 나가 주시고 말이야."

그러나 유정의는 손을 내저으며 말했다.

"에이, 그건 당장 증인을 못 찾으면, 재판에 질 상황이었으니까 그렇지."

권리아가 유정의 말을 지적했다.

"또, 또 부정적으로 말한다. 너 이러다 유정의가 아니고, 부정의가 된다."

유정의는 늘 상황을 부정적으로 보는 경향이 있기 때문이다. 유정의가 농담인 줄 알면서도 어이없는 표정을 하며 말했다.

"야, 그렇다고 사람 성을 바꾸냐! 이래 봬도 내가 우리 집의 3대 독자인데!"

권리아가 샐쭉 웃으며 말했다.

"그냥 웃자고 한 소리지. 헤헤."

권리아, 양미수, 유정의는 어린이 변호사 양성 프로젝트 2기 동기로, 로스쿨에 다닐 때부터 지금까지 동고동락한 사이다. 그러니 서로를 잘 알고, 농담도 잘한다.

여하튼 아이들은 그동안 고 변호사와 여러 일을 겪으며, 그를 차갑고 무서운 사람으로만 생각했는데, 꼭 그렇지만은 않은 것 같다는 생각이 들었다.

그리고 오후 4시가 되자, 진우가 사무실로 왔다. 고 변호사가 먼저 진우에게 말했다.

"사정 이야기는 들었는데…… 네가 지금은 너무 힘들어서 아빠를 고소하고 싶은 마음까지 들었겠지만, 실제로 아빠를 고소하고 나면 더 힘든 일들이 생길 수 있어."

잘못된 재판을 받은 갈릴레이

지동설을 주장하다 종교 재판을 받았다.

"힘든 일이요?"

진우가 되묻자, 고 변호사가 설명했다.

"응, 일단 아빠가 화가 많이 나실 테고, 어쩌면 당장 집에서 나와야 할 수도 있어. 그래도 할 수 있겠니?"

진우는 잠시 생각하는가 싶더니, 단호한 목소리로 대답했다.

"네, 할 수 있어요. 어떻게 된다 해도 지금보다는 나을 것 같아요."

고 변호사가 안타까운 표정으로 고개를 끄덕이더니, 다시 물었다.

"그래……. 혹시 어머님과는 연락이 되니?"

진우가 대답했다.

"아니요, 안 돼요."

부모님이 이혼할 때, 아빠가 진우에 대한 친권과 양육권을 다 갖는 조건으로 이혼에 동의했다는 것이다.

"할머니 말씀으로는 엄마가 저 보고 싶어서 몇 번 집에 오셨었대요. 그런데 아빠가 엄마를 내쫓아 버리고, 아예 이사해 버리는 바람에 연락이 끊겼대요."

진우의 설명에 고 변호사는 표정이 심각해지며 말했다.

"그렇구나. 그럼 당장은 쉼터에서 지낸다고 해도, 그다음이

친권과 양육권

문제네."

 진우는 보육원에 들어가는 게 낫겠다고 했지만, 아빠가 버젓이 살아 있고, 만약 아빠가 진우를 계속 키우겠다고 주장한다면, 보육원에 들어가는 것도 쉬운 일은 아니다. 고 변호사의 설명에 진우의 표정도 어두워졌다.

 그러나 아이들은 역시 시니어 변호사는 다르다는 생각을 했다. 아이들은 그저 진우 아빠를 고소해 진우를 위기에서 구해 주고 싶은 마음만 앞섰는데, 고 변호사는 현실적인 문제, 그리고 앞으로 벌어질 상황까지 미리 생각하고 대비하려고 하니 말이다.

 권리아가 조심스레 물었다.

 "혹시 엄마를 찾으면, 함께 살고 싶어?"

 진우가 반색하며 대답했다.

 "네, 엄마랑 살고 싶어요!"

 당연히 엄마랑 살고 싶을 거다. 하지만 소식이 끊긴 엄마를 어떻게 찾는단 말인가. 유정의가 고개를 갸웃하더니, 자신의 의견을 말했다.

 "엄마를 찾는 것도 쉽지 않겠지만, 엄마를 찾는다고 해도 형편이 안 될 수도 있는 거 아닌가요? 경제적으로 어려울 수도 있고, 또 재혼하셨을 수도······."

친권과 양육권

친권은 미성년인 자녀에 대하여 가지는 신분상, 재산상의 권리와 의무를 말해.

자녀를 보호하고 가르치고 기를 의무와 자녀가 살 장소를 지정하고, 자녀의 재산을 관리할 수 있는 권리 등이지.

- 자녀를 보호, 교양할 의무
- 자녀의 거주 장소를 지정할 수 있는 거소 지정권
- 자녀의 재산에 관한 법률 행위의 대리권

친권은 부모가 공동으로 행사하는 것이 원칙이야.
그러나 이혼할 때는 친권자를 지정해야 해.

부모가 미성년 자녀에 대해 가지는 권리와 의무

그러자 권리아는 유정의를 째려 보고, 양미수는 유정의의 팔을 툭 쳤다. 진우가 실망하게 왜 진우 앞에서 그런 말을 하느냐는 뜻이다.

"아니…… 그럴 가능성도 있다는 말이지."

유정의가 말을 잘못한 것을 깨닫고, 기죽은 목소리로 말했다. 그러자 고 변호사가 상황을 정리했다.

"진우야, 네 생각은 잘 알았어. 우리가 여러 가지 방법을 찾아볼게."

"네."

진우가 대답하자, 고 변호사가 권리아와 양미수에게 말했다.

"진우, 밥 먹이고, 집에 좀 같이 가 보세요."

그러더니 지갑에서 신용 카드를 꺼내 주는 것이 아닌가.

"네? 아, 네."

권리아가 깜짝 놀라며 신용 카드를 받았다. 진우가 밥도 제대로 먹지 못하고 있다고 하니, 고 변호사가 마음을 써 준 것이다. 다른 아이들도 예상하지 못한 고 변호사의 행동에 놀란 표정이었다.

"진우야, 가자."

양미수의 말에 진우가 일어나며 인사했다.

"감사합니다."

권리아와 양미수가 진우를 데리고 나가자, 고 변호사가 이범에게 말했다.

"고소 준비하시고요. 주변 사람의 증언이 중요할 테니까, 담임 선생님과 이웃 사람들을 만나 보세요."

"네, 변호사님."

이범이 대답하자, 고 변호사가 유정의에게도 말했다.

"진우 아버지가 가만히 있지 않을 테니까, 진우가 머물 쉼터도 알아봐 주시고요."

"네."

유정의가 대답했다. 그리고 고 변호사가 회의실을 나가자, 유정의가 눈을 동그랗게 뜨며 이범에게 물었다.

"고 변호사님, 원래 저런 분이세요?"

양미수의 말대로 고 변호사가 원래는 따뜻한 사람인가 싶어서 물은 것이다. 이범이 어깨를 으쓱하며 말했다.

"그런가 봐."

이범은 자신이 고 변호사에 대해 너무 모르고 있었음을 깨달았다.

한편, 권리아와 양미수는 진우와 함께 저녁을 먹은 후, 진우의 집으로 갔다. 열 평 남짓한 집 안은 낡고 오래된 가구와 살

림살이로 가득 차 있었다. 또 청소를 제대로 하지 않아 먼지가 쌓여 있고, 빨래와 쓰레기도 곳곳에 방치되어 있었다.

"죄송해요. 집이 좀 더러워요."

진우가 창피한지 얼른 집 안을 치우며 말했다.

"그래, 좀 더럽네. 이런 데서 살면 병에 걸릴 수도 있어. 힘들어도 깨끗하게 치워야지."

권리아가 치우는 것을 도와주며 말했다. 어린 나이에 집안일을 하는 것이 쉬운 일은 아니지만, 그래도 지저분한 환경은 건강에 나쁘니 잔소리를 한 것이다.

그리고 그사이 양미수는 주방 쪽을 둘러보았다. 그런데 먹을 거라고는 라면 다섯 개와 햇반 세 개, 참치 통조림 두 개와 쌀 반 포대, 냉장고 안에 든 김치와 밑반찬 조금이 전부였다.

양미수는 눈물이 왈칵 쏟아졌다. 이 정도로 열악한 환경에서 진우가 살고 있을 거라고는 생각하시 못했다.

양미수가 진우에게 물었다.

"진우야, 너희 기초 생활 수급자 아니니?"

우리나라에서는 「국민 기초 생활 보장법」에 따라, 생활이 어려운 사람에게 필요한 기초 생활비(생계 급여)를 주어 최저 생활을 보장하고 자활을 돕고 있는데, 이 혜택을 받고 있는 사람을 기초 생활 수급자라고 한다. 그리고 기초 생활 수급자가 되면, 행정 복지 센터나 복지 단체 등에서 쌀이나 부식과 같은 식료품과 의류, 생활용품 등을 주기도 한다. 그래서 그거라도 받았으면 이 정도로 어렵게 살지는 않았을까 싶어 한 말이다.

진우가 고개를 저으며 말했다.

"아니에요. 이 집이랑 아빠 차가 있어서 안 된대요."

생계 급여를 받으려면, 소득 수준이 나라에서 정한 일정 금액 이하여야 한다. 그런데 집이나 차 등을 갖고 있으면 이것도 소득으로 환산해 더해지기 때문에 수급 자격을 얻기 힘들 수 있다. 진우도 바로 그런 경우인 모양이다. 그런데 아빠도 생활비를 제대로 보내 주지 않았으니, 급식 카드로 겨우 연명하는 정도였던 것이다.

양미수가 안타까운 표정으로 말했다.

"어떡해. 너무 힘들었겠다."

권리아와 양미수는 하루 빨리 진우를 좀 더 편안하고 안전한 환경에서 살 수 있게 해 줘야겠다고 다짐했다.

행정 복지 센터

행정 복지 센터

행정이란, 법에 따라 나라의 살림살이를 하는 것을 말해. 그리고 행정 업무를 담당하는 국가 기관을 '행정 기관'이라고 하지.

그중 행정 복지 센터는 지역 주민의 행정 업무와 민원 업무를 처리하는 지방 행정 기관이야.

민원 주민이 행정 기관에 원하는 바를 요구하는 일

예전에는 동사무소라고 불렀는데, 동 주민 센터로 바꿨다가, 행정과 복지의 비중이 커지면서 행정 복지 센터로 이름을 바꿨지.

지역 주민의 행정 업무와 민원 업무를 처리하는 지방 행정 기관

위기의 아이를 구하라!

다음 날, 이범은 진우의 학교로 담임 선생님을 찾아가 만났다. 진우가 아빠를 아동 학대로 고소한다고 하자, 선생님은 깜짝 놀라며 되물었다.

"아빠를 고소한다고요?"

"네, 선생님께서 이전에 신고를 하셨다고 들었습니다."

「아동 학대 범죄의 처벌 등에 관한 특례법」 제10조 제2항에 의해 아동이 다니는 학교의 장과 선생님 등은 직무를 수행하면서 아동 학대 범죄를 알게 되거나 그 의심이 있는 경우, 시군구 또는 수사 기관에 즉시 신고해야 하는 신고 의무자이다. 만약 신고하지 않을 경우에는 1천만 원 이하의 과태료가 부과된다.

이범의 말에 선생님이 속상한 표정으로 말했다.

"네, 4월에요. 담임을 맡고 나서 보니 진우가 거의 혼자 지

내는 것을 알게 됐어요. 그래서 진우 아버님께 여러 번 전화를 드리고 문자도 드렸는데, 알았으니 신경 쓰지 않아도 된다고 하시더라고요. 그래서 좀 나아지나 싶었는데, 달라진 게 없다는 진우의 말에 할 수 없이 신고를 했었습니다."

그러자 진우 아빠가 선생님을 찾아와 남의 집안일에 왜 간섭하느냐고 화를 냈다는 것이다.

"경찰서에 가서는 잘 돌보겠다고 하셨는데, 달라지는 게 없더라고요. 그래서 어떻게 해야 하나 고민하고 있었어요."

그러더니 안타까운 표정으로 말을 이었다.

"그래도 아빠인데, 아빠를 고소하면 진우도 상처를 많이 받게 될까 걱정이 되네요. 아빠랑 같이 못 살면 가 있을 곳도 없을 텐데……."

이범이 설명했다.

"그 부분은 저희도 신경을 많이 쓰고 있습니다. 진우 어머님도 찾아보려 하고 있고요. 그러니 선생님께서도 진우의 마음을 잘 다독여 주시길 부탁드려요."

선생님이 고개를 끄덕이며 말했다.

"그럼 다행이네요. 저도 진우한테 더 많이 신경 쓰겠습니다. 그리고 소송 과정 중에 제가 도울 일이 있으면 언제든 말씀해 주세요. 적극적으로 돕겠습니다."

유엔 아동 권리 협약

먼저 생존권은 아동이 충분한 영양을 섭취하고, 안전한 장소에서 사는 등 기본적인 삶을 누릴 권리야.

생존권

보호권은 위험이나 차별, 학대, 폭력 등 아동에게 유해한 것으로부터 보호받을 권리를 말해.

보호권

세계 모든 아동이 누려야 할 기본 권리를 명시한 국제 협약

선생님은 재판에서 증인이 필요하면, 기꺼이 증인을 서겠다고 약속했다.

그사이, 권리아와 양미수는 진우의 집 주변에 사는 이웃들을 만났다. 그리고 진우의 상황에 대해 알고 있는 내용을 물었다. 진우의 옆집에 사는 할머니가 말했다.

"진우 할머니가 진우를 많이 아끼고 사랑했어. 그래서 할머니가 살아 계실 때까지는 진우가 잘 컸지. 그런데 아빠는 아주 나쁜 사람이야. 그때나 지금이나 집에 거의 안 들어온다니까. 어린애를 맨날 혼자 두고 말이야. 내가 몇 번 그러면 안 된다고 말했더니, 간섭하지 말라고 화를 내더라고."

그러면서 고개를 절레절레 저었다. 윗집에 사는 아주머니도 같은 이야기를 했다.

"맨날 혼자 밥도 잘 못 먹고 있는 게 너무 안돼서 내가 몇 번 밥도 먹이고 그랬지. 그런데 나도 형편이 안 좋아서…… 계속 신경 쓸 수가 없더라고."

"네, 그러시겠죠."

양미수가 이해한다는 표정으로 말하자, 아주머니가 말했다.

"지난번에 경찰도 오고 해서 아버지가 정신 좀 차리려나 했는데 똑같더라고. 이번에는 나아지면 좋겠네."

"저희가 최선을 다해 돕겠습니다."

권리아의 말에 아주머니가 약속했다.

"나도 도울 것 있으면 말해요. 도와줄게."

"감사합니다."

아이들은 고개 숙여 인사했다. 편의점 주인아저씨도 그렇고, 이웃분들도 그렇고, 진우를 걱정하는 사람들이 많은 것이 고맙고 다행이라는 생각이 들었다.

한편, 유정의는 구청의 아동 학대 전담 공무원에게 전화해 사실을 알리고 부탁했다.

"고소가 진행되면, 아동이 쉼터에 가 있어야 할 것 같아요. 바로 입소가 가능한 곳이 있을까요?"

공무원이 찾아보더니 대답했다.

"있습니다. 언제 들어올지만 알려 주세요. 쉼터 선생님들께 말씀드려 놓겠습니다."

"네, 날짜 정해지는 대로 연락드리겠습니다. 감사합니다."

유정의는 다행이라 생각하며 전화를 끊었다.

아이들은 그렇게 차근차근 진우 아빠를 고소할 준비를 해 나갔다. 그리고 3일 후, 마침내 진우 아빠 이태만을 아동 학대 혐의로 경찰에 고소했다. 이범이 고소장을 제출하고 오자, 고 변호사가 말했다.

"진우 아빠에게 전화해 고소 사실을 알려 드리세요."

공무원

공무원은 국가와 사회를 위해 국가 또는 공공 단체에서 일하는 사람이야.

행정부, 사법부, 입법부 등 정부 부처나 지방 자치 단체뿐 아니라, 학교, 경찰서, 소방서, 보건소 등 많은 곳에서 일하고 있지.

공무원이 되려면 국가에서 시행하는 자격시험에 합격해야 해.

국가 또는 공공 단체에서 일하는 사람

"네, 알겠습니다."

이범이 대답하고 바로 이태만에게 전화했다. 하지만 받지 않았다. 이범은 문자로 자신이 누구인지 밝힌 후, 고소 사실을 알려 주었다. 아들이 자신을 고소했다는 문자를 보면, 바로 전화하지 않겠는가. 아니나 다를까 잠시 후, 이태만으로부터 전화가 왔다. 이범이 전화를 받자, 이태만은 다짜고짜 반말을 하며 화부터 냈다.

"당신 누구야? 누군데 나를 고소하네, 마네 해?"

"문자로 말씀드렸지만, 진우를 돕고 있는 변호사입니다."

이태만은 이범의 말을 안 믿고 더 크게 화를 냈다.

"변호사 좋아하네. 진우가 뭔 돈이 있어서 변호사를 써."

이범이 단호한 목소리로 말했다.

"못 믿으시겠다면 어쩔 수가 없네요. 경찰에 고소했으니까 연락이 갈 겁니다."

그제야 이태만은 사실임을 깨닫고, 말투를 바꿔 물었다.

"진짜예요? 진짜 진우가 나를 아동 학대로 고소했어요?"

"네, 맞습니다."

이범이 대답하자, 이태만이 황당하다는 투로 말했다.

"허참, 기가 막혀서! 아니, 아들이 아비를 고소했다니, 이게 말이 됩니까? 내 이 녀석을 가만히 두나 봐라!"

이범이 마지막으로 말했다.

"집에 가셔도 진우는 없을 겁니다. 진우가 보고 싶으시면 저희 사무실로 오세요."

고소 사실을 알리면 이태만이 어떻게 나올지 예상했기 때문에, 진우는 어제저녁부터 학대 피해 아동 쉼터에서 지내고 있다. 이태만은 당장 오겠다며 전화를 끊었다.

그리고 그날 오후, 정말 이태만이 사무실로 찾아왔다. 이태만은 연락한 이범이 진짜 변호사임을 확인하더니, 변명을 늘어놓았다.

"아니, 내가 다 사정이 있어서 그런 건데…… 나도 진우랑 같이 살고 싶죠. 그런데 내 직업이 장터를 돌아다니며 물건을 파는 일이라……."

권리아가 따지듯 말했다.

"생활비도 제대로 안 보내 주셨다면서요. 진우가 먹을 것도 제대로 못 먹고, 입을 것도 제대로 못 입고 살고 있잖아요. 이건 엄연한 방임입니다."

"그건 요즘 장사가 안 돼 그런 거예요. 작년까지는 그래도 꼬박꼬박 생활비를 보내 줬어요. 정말이에요."

이태만이 억울한 표정을 지으며 하소연하자, 양미수가 지적했다.

직업

살아가는 데 필요한 돈을 벌기 위해 일정 기간 동안 하는 일

"그래도 초등학교 6학년밖에 안 된 아이를 혼자 지내게 하면 안 되죠."

이태만이 다시 변명했다.

"그렇다고 일하는 데마다 아이를 데리고 다닐 수는 없잖아요. 그리고 한두 살 어린애도 아니고, 초등학교 6학년이면 다 컸죠. 충분히 혼자 지낼 수 있는 나이라고요. 여하튼 아동 학대라니, 게다가 아들이 아빠를 고소하다니, 이건 정말 말도 안 되는 소립니다."

어떻게든 고소를 취하하게 하려고 갖은 변명을 늘어놓는 이태만을 보니, 아이들은 진우가 더 불쌍하게 느껴졌다. 자신의 잘못을 깊이 반성하고 다시는 그러지 않겠다고 해도 모자랄 판에 말이다.

그런데 그때, 문이 열리고, 하소연 사무장이 진우를 데리고 들어왔다.

"진우, 왔어요."

진우가 고개 숙여 인사하더니, 잔뜩 겁먹은 표정으로 아빠를 쳐다봤다. 그러자 갑자기 이태만이 벌떡 일어나 진우의 멱살을 잡으며 소리쳤다.

"이 녀석이 어디 아빠를!"

그러면서 진우를 때리려고 손을 번쩍 드는 것이 아닌가. 진우가 움찔하는 찰나, 권리아가 벌떡 일어나 재빨리 아빠의 손을 막았다.

"안 돼요!"

그런데 다음 순간, 권리아가 손목을 잡으며 비명을 질렀다.

"아!"

이태만이 권리아의 손목을 내리친 것이다. 이범이 깜짝 놀라 벌떡 일어나며 물었다.

"다쳤어?"

권리아가 손목을 살피며 말했다.

"아, 아니. 괜찮아요."

하지만 시뻘건 자국이 남아 있었다. 이범이 화가 나 이태만에게 경고했다.

"아동 방임에, 폭력까지 추가하고 싶으세요?"

이태만이 기죽은 표정으로 투덜거렸다.

"그러니까 왜 갑자기 끼어들어서……."

그러자 고 변호사가 낮지만 단호한 목소리로 말했다.

"앉으세요."

이태만은 아무 소리도 못 하고 자리에 앉았다. 그리고 다시 태도를 바꿔 사정하기 시작했다.

"그동안 내가 돈벌이가 시원치 않아서 빚을 많이 졌어요. 그래서 제대로 돌보지 못한 것은 인정합니다. 이제부터는 잘할 테니까 제발 고소를 취하해 주세요."

그러더니 진우에게도 말했다.

"진우야, 아빠가 잘못했다. 이제 진짜 잘할 테니까 고소 취하하고 없던 일로 하자."

하지만 진우는 눈물이 그렁그렁해 말했다.

"지난번에도 그러고는 약속 안 지켰잖아요. 내가 전화해도 받지도 않고……. 차라리 보육원에 보내 주세요."

그러자 이태만이 다시 화를 냈다.

"보육원? 아니, 뼈 빠지게 일해서 키워 줬더니, 이제 아비고 뭐고 다 필요 없다, 이거지! 그래, 고소해라, 고소해! 어디 누가 이기나 해 보자고!"

그러더니 벌떡 일어나 아이들에게도 소리쳤다.

"고소를 하든지 말든지 맘대로 하세요. 난 이제 얘 아비 안 할 테니까!"

그러고는 문을 쾅 닫고 나가 버리는 것이 아닌가. 진우는 결국 울음을 터뜨렸다.

"흑흑."

사는 게 너무 힘들어서 아빠를 고소하기는 했지만, 진우는 그래도 아빠가 깊이 반성하며 자신을 잘 돌봐 주기를 바랐을 것이다. 하지만 진심으로 반성하기는커녕 상황만 모면하려고 하는 아빠의 말과 행동에 실망한 것이다.

진우가 울자, 아이들도 마음이 아팠다. 권리아가 진우의 어깨를 토닥여 주며 위로했다.

"울지 마. 예상했던 거잖아."

"그래, 이제 시작인데 기운 내야지."

양미수도 격려하자, 진우는 고개를 끄덕이며 눈물을 닦았다.

"경찰 조사는 언제죠?"

진우가 돌아가자, 고 변호사가 물었다. 이범이 대답했다.

"2~3일 후쯤 될 것 같습니다."

경찰에 고소하면, 경찰은 고소인인 진우와 피고소인인 진우 아빠 이태만을 불러 직접 조사한다. 그리고 조사 결과, 피고소인의 혐의가 인정되면 검찰에 사건을 송치한다. 그러면 검사가 사건을 살펴보고 재판에 넘길지 말지를 결정하게 된다. 하지만 이번 사건은 이태만이 이전에도 아동 방임으로 신고당한 전력이 있는 데다, 담임 선생님부터 이웃 주민들까지 증인도 많기 때문에 아동 학대 혐의로 기소될 가능성이 크다. 결국 재판에 서게 될 확률이 높은 것이다.

이범이 심각한 표정으로 말을 이었다.

"그런데 재판에 이겨서 이태만이 아동 학대 혐의로 벌을 받는다고 해도 이태만의 태도가 바뀔 것 같지는 않아요."

권리아가 동의했다.

"맞아요, 오히려 진우를 더 미워하고 구박할까 봐 걱정돼요. 그렇다고 진우 말대로 보육원에 보낼 수도 없고, 어떡하죠?"

"그러니까 가장 좋은 방법은 어머니가 진우를 키우는 거 아니에요?"

양미수의 의견에 고 변호사가 심각한 표정으로 말했다.

"문제는 친권과 양육권이 모두 이태만한테 있다는 거예요."

친권은 부모가 미성년인 자녀에 대하여 가지는 신분상, 재산상의 권리와 의무를 말한다. 또 양육권은 미성년 자녀를 기를 수 있는 권리를 말한다. 부모가 이혼하게 되면, 미성년 자녀에 대한 친권자와 양육권자를 지정해야 한다.

권리아가 의견을 말했다.

"이태만의 아동 학대 혐의가 인정되면, 친권은 몰라도 양육권은 가져올 수 있지 않을까요?"

이범이 대답했다.

의무

"그럴 가능성이 크긴 하지만, 그러려면 양육권자 변경 신청을 해야 하지."

양미수가 아까 이태만이 했던 말이 생각 나 말했다.

"이태만이 그랬잖아요. 난 이제 아비 안 한다고."

권리아가 손사래를 치며 말했다.

"에이, 그건 그냥 화나서 한 소리지. 내가 보기엔 친권이고, 양육권이고 끝까지 포기하지 않을 것 같은데. 그럼 진짜 소송까지 가야 할 수도 있어."

「민법」 제837조 제5항에 의해, 양육권자가 이미 지정되어 있다고 하더라도 자녀의 장래와 복지를 위해 양육권자 변경 신청을 할 수 있다. 그러나 최초 지정된 양육권자가 이를 반대한다면, 양육권자 변경 심판 절차를 통해 양육권자를 바꿀 수 있다.

"그럼 어떡해요?"

아동 학대 소송에, 양육권자 변경 심판까지 하려면 시간이 너무 많이 걸리기 때문이다. 또 그렇게 서로 다투는 사이에 진우가 더 큰 상처를 받을 수도 있다. 양미수가 안타까운 표정으로 말하자, 고 변호사가 상황을 정리했다.

"그건 다 나중 일이니까, 우선 진우 어머니부터 찾아봅시다."

의무

의무란, 사람으로서 마땅히 해야 할 일을 말해. 또 법적으로는 규범에 의해 부과되는 부담이나 구속을 뜻하지.

길을 건널 때는 교통 신호를 잘 지켜야 할 의무가 있어. 그렇지 않으면, 사고가 날 수 있고, 벌금을 내야 할 수도 있지.

또 직장에 다니면 열심히 일해야 할 의무가 있어. 일한 대가로 월급을 받기 때문이지.

그리고 국민으로서 지켜야 할 의무도 있어.

국민의 5대 의무

- 모든 국민이 일정한 교육을 받아야 하는 교육의 의무
- 개인과 나라 발전을 위해 일해야 하는 근로의 의무
- 법률이 정하는 바에 의해 세금을 내야 하는 납세의 의무
- 국가의 독립 유지와 영토 보전을 위해 나라를 지켜야 하는 국방의 의무
- 깨끗한 환경을 지키기 위해 노력해야 하는 환경 보전의 의무

의무를 지키지 않으면, 자기 자신뿐만 아니라 다른 사람에게도 손해를 끼칠 수 있어.

사람으로서 마땅히 해야 할 일

"제가 알아봤는데요. 어머니 이름하고 주민 등록 번호만 가지고는 찾기가 쉽지 않아요."

이범의 말에, 유정의가 아이디어를 냈다.

"언론에 알리는 건 어떨까요?"

"언론에?"

권리아가 되묻자, 유정의가 설명했다.

"응, 진우 사건을 인터넷 신문에 기사로 내는 거예요. 아이가 아빠를 아동 학대로 고소하는 사건은 흔하지 않으니까 기사화되기 쉬울 거고, 사람들의 이목을 집중시키기도 좋지 않을까요? 그럼 진우 어머니도 기사를 보고 진우를 찾을 수도 있잖아요."

양미수가 고개를 갸웃하며 반대했다.

"사람들에게 알려지면 진우가 창피해하지 않을까요?"

권리아도 양미수의 의견에 동의했다.

"맞아요, 그건 진우한테 못 할 짓이에요."

하지만 고 변호사는 유정의의 편을 들었다.

"진우만 괜찮다면 좋은 아이디어긴 하네요. 진우한테 물어보고 결정하죠."

권리아는 바로 진우에게 전화해 의견을 물었다.

"엄마만 찾을 수 있다면 괜찮아요."

다행히 진우가 동의하자, 권리아는 진우의 생각을 전했다. 유정의가 나섰다.

"제가 아는 기자님들 많으니까 기사를 내달라고 할게요."

유정의의 별명은 '유스타'다. 키즈 유튜버 출신인데다, 지금은 유명 인플루언서로 이름을 떨치고 있기 때문이다. 그래서 아는 기자들도 많은 것이다. 아이들은 기사 초안을 작성해 유정의가 소개한 기자들에게 보냈다. 과연 이 방법으로 진우 엄마를 찾을 수 있을까?

다음 날 아침, 진우의 사연이 여러 인터넷 신문에 기사로 올라왔다. 그러자 많은 사람들이 댓글을 달았다.

아빠가 나쁜 사람이네요. 꼭 처벌받길······.
진우가 많이 힘들었겠네요. 따뜻한 밥 한 끼라도 먹이고 싶은 마음이에요.
진우야, 이제 좋은 일만 있을 거야. 파이팅!

다행히 진우를 걱정하고 응원해 주는 글들이 많았다. 아이들은 진우 엄마가 기사를 보고, 진우를 찾아 주길 간절히 바랐다. 하지만 이틀이 지나도록 진우 엄마라고 연락 오는 사람은 없었다.

언론은 개인이 말이나 글로 자신의 생각을 나타내는 것을 말하기도 하지만,

보통은 매체를 통해 어떤 사실을 알리거나, 어떤 문제에 대해 여론을 형성하는 활동을 뜻해.

매체(미디어) 어떤 작용을 한쪽에서 다른 쪽으로 전달하는 수단
여론 사회 대중의 공통된 의견

언론 매체에는 신문, 잡지, 텔레비전 등이 있고, 그런 일을 하는 기관을 언론 기관이라고 하지.

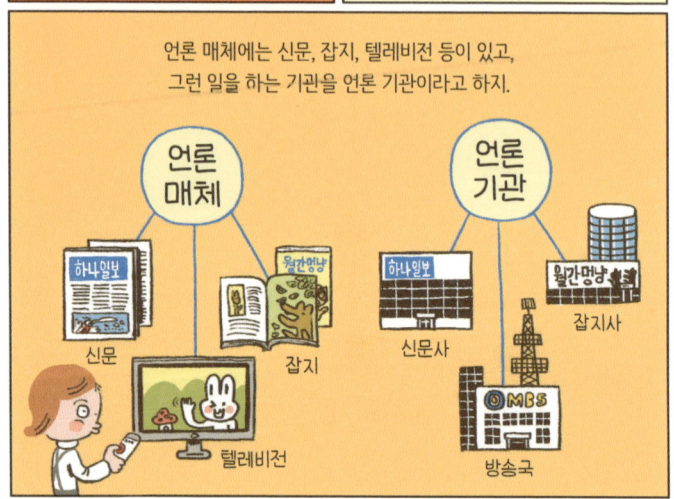

매체를 통해 사실을 알리거나 여론을 형성하는 활동

그러는 사이, 경찰 조사를 받아야 할 날이 되었다. 이범과 권리아가 진우를 데리고 경찰 조사를 받았다. 진우 아빠 이태만도 다른 시간에 경찰 조사를 받았다.

그런데 그날 오후, 이태만이 전화해 또다시 화를 냈다.

"순진한 아이를 꼬드겨서 아빠를 범죄자로 만들려고 하다니, 천벌을 받을 줄 아쇼!"

경찰이 이태만의 아동 학대 혐의가 인정되기 때문에 검찰로 사건이 넘어갈 거라고 하자, 화가 난 것이다. 이범이 차분하지만 단호한 목소리로 말했다.

"아버님, 이렇게 화를 내실 게 아니라, 아버님이 진우에게 어떻게 하셨는지 다시 한번 생각해 보시기 바랍니다. 아버님의 태도가 양형에도 큰 영향을 미칠 테니까요."

아동 학대 혐의로 재판을 받으면서도 전혀 반성하지 않는다면, 당연히 더 큰 형벌을 받게 될 것이다. 하지만 이태만은 큰소리를 쳤다.

"죄 지은 게 없는데, 무슨 벌을 받아요! 재수가 없으려니, 에잇!"

그러고는 전화를 끊어 버렸다.

"휴!"

이범이 한숨을 쉬며 전화기를 내려놓자, 권리아가 속상한 표정으로 말했다.

"큰일이네요. 진우 아버님은 아직 자신이 뭘 잘못했는지 모르시는 것 같아요."

"모르시는 게 아니라, 인정하고 싶지 않은 거겠지."

이범의 말에 양미수가 말했다.

"어머님은 아직 소식이 없네요. 진우가 엄마 만나는 거 잔뜩 기대하고 있는데."

정말 이대로 진우는 엄마를 만나지 못하게 되는 것일까? 아이들은 안타까운 마음에 가슴이 타들어 갔다.

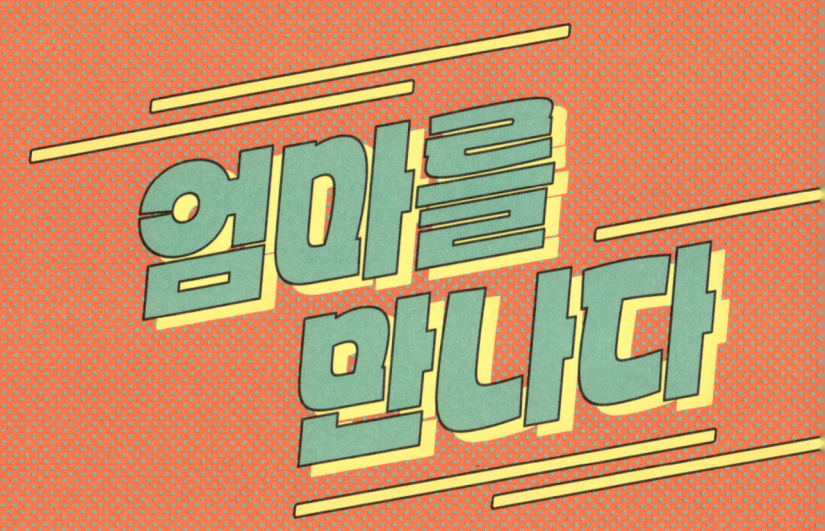

엄마를 만나다

그런데 바로 그때였다. 똑똑 노크 소리가 나더니, 아이들이 대답도 하기 전에 문이 벌컥 열렸다. 하소연 사무장이었다.

"왔어요, 왔어요!"

갑자기 오다니, 뭐가 왔단 말인가. 이범이 의아한 표정으로 물었다.

"뭐가요?"

하 사무장이 답답하다는 표정으로 대답했다.

"전화요! 진우 어머니가 전화를 하셨다니까요."

"정말이요?"

아이들이 동시에 일어나며 소리쳤다. 하 사무장이 다급하게 손짓하며 말했다.

"네, 빨리 전화 먼저 받아 보세요."

그러자 이범이 부리나케 뛰어나가 전화를 받았다. 아이들도 뒤따라 뛰어나왔다.

"여보세요? 전화 바꿨습니다."

"안녕하세요, 변호사님. 저, 이진우 엄마 되는 사람인데요."

"아, 네. 어머님!"

이범이 대답하는데, 권리아가 하 사무장에게 물었다.

"정말 진우 어머님이 맞아요?"

하 사무장이 대답했다.

"네, 이름이랑 주민 등록 번호 확인했어요. 진우 아빠 이름이랑 진우 생일도 확인했고요."

그사이, 이범이 진우 엄마에게 물었다.

"어머님, 괜찮으시다면 저희 사무실로 오실 수 있나요?"

진우 엄마가 대답했다.

"네, 그런데 가면 진우를 볼 수 있나요?"

"그럼요."

이범이 대답하자, 엄마는 바로 오겠다고 하고 전화를 끊었다. 양미수는 재빨리 진우에게 전화해 소식을 전했다.

"정말요? 정말 저희 엄마가 맞아요?"

진우가 깜짝 놀라며 되묻자, 양미수가 대답했다.

"맞아, 지금 오신다니까 너도 빨리 사무실로 와."

"네, 지금 바로 갈게요."

진우가 전화를 끊자, 양미수와 권리아는 좋아서 서로 손뼉을 치며 방방 뛰었다.

"됐다, 됐다! 하하."

유정의가 으쓱하며 말했다.

"내 덕에 찾은 거다!"

유정의가 기회를 놓치지 않고 으스댔다. 하지만 이번 일은 충분히 으스댈 만하다. 유정의의 아이디어와 인맥으로 진우 엄마를 찾게 되었으니 말이다. 권리아가 유정의의 어깨를 토닥이며 칭찬했다.

"그래, 잘했다, 유스타! 잘했어."

유정의도 기분이 좋았다. 이범은 고 변호사에게도 소식을 전했다. 고 변호사도 기뻐하며 말했다.

"다행이네요. 잘됐어요."

그리고 1시간쯤 후, 진우 엄마가 사무실을 찾아왔다.

"안녕하세요? 이진우를 만나러 왔는데요."

인사하며 들어오는 엄마를 보더니, 진우는 긴장해 다가가지도 못하고 서 있었다. 진우 엄마가 먼저 진우를 알아보고 뛰어와 진우를 안았다.

"진우야! 흑흑."

엄마가 울음을 터뜨리자, 진우도 울기 시작했다. 엄마가 진우의 얼굴을 쓰다듬으며 말했다.

"많이 컸네. 엄마 알아보겠어?"

진우가 눈물을 닦으며 대답했다.

"잘 모르겠어요."

하 사무장이 진우의 마음을 헤아리며 말했다.

"여섯 살 때 헤어진 엄마를 7년 만에 만났으니 모를 만도 하지."

그러자 진우 엄마가 주머니에서 진우와 찍었던 사진을 꺼내 보이며 말했다.

"이것 봐, 너랑 엄마랑 찍은 사진이잖아."

사진을 보니, 진우 어렸을 때의 얼굴이 지금과 크게 다르지 않았다. 진우는 그제야 진짜 엄마를 만난 실감이 났는지 엄마에게 와락 안기며 울음을 터뜨렸다.

"엄마! 흑흑."

그렇게 진우는 7년 만에 엄마를 만났다. 그 모습을 보고 있으려니 아이들도 눈물이 났다. 그런데 눈물을 닦던 권리아가 양미수에게 물었다.

"어, 고 변호사님은 어디 가셨지?"

양미수가 훌쩍이며 대답했다.

"몰라. 방금까지 여기 계셨는데."

그 시각, 고 변호사는 자신의 방으로 들어와 문을 닫았다. 진우와 진우 엄마가 만나는 모습을 보니, 갑자기 돌아가신 어머니가 생각났기 때문이다.

고 변호사는 일찍 아버지를 여의고, 어머니와 함께 살았다. 어머니는 갖은 고생을 하며 고 변호사를 키웠고, 착하고 공부 잘하는 고 변호사를 늘 자랑으로 여겼다. 그런 어머니의 은혜에 보답하기 위해 고 변호사는 더 열심히 공부했고, 변호사 시험도 좋은 성적으로 단번에 붙었다.

고 변호사는 돈을 많이 벌어 어머니께 효도하고 싶은 생각에 밤낮으로 일에 매달렸다. 덕분에 능력을 인정받고 승승장구했는데, 변호사가 된 지 1년 만에 어머니가 갑자기 뇌출혈로 쓰러져 돌아가신 것이다. 고 변호사는 고생만 하다 돌아가신 어머니가 생각날 때마다 너무 가슴이 아팠고, 그걸 잊기 위해 더 열심히 일만 하고 살았다.

그래서 진우와 진우 엄마의 만남을 보며 돌아가신 어머니가 그리웠던 것이다. 고 변호사는 어떻게 해서든 진우를 엄마와 함께 살 수 있게 해 줘야겠다고 마음먹었다.

그사이, 진우 엄마는 진우가 아빠와 사는 동안 힘들었던 일에 대해 듣고 크게 마음 아파했다.

"미안해, 다 엄마 잘못이야. 엄마가 그때 어떻게 해서든 널

키웠어야 했는데. 흑흑."

진우도 그동안 외롭고 힘들었던 일을 떠올리며 계속 눈물을 흘렸다. 양미수가 진우와 진우 엄마를 위로했다.

"이제라도 만났으니 다행이잖아요."

진우 엄마가 눈물을 닦으며 인사했다.

"진우를 찾게 해 주셔서 감사합니다. 그리고 우리 진우를 도와주셔서 정말 감사합니다."

그때였다. 이범의 휴대 전화가 울려 보니, 고 변호사였다.

'왜 전화하셨지?'

갑자기 사라지더니 무슨 일일까? 이범은 얼른 전화를 받았다. 고 변호사가 말했다.

"진우 어머님을 모시고, 내 방으로 오세요."

"네, 변호사님."

이범이 대답하고 전화를 끊었다. 그리고 진우 엄마를 모시고 고 변호사에게 갔다. 고 변호사가 말했다.

"진우를 어떻게 할지 의논을 드리려고 뵙자고 했습니다."

"아, 네."

진우 엄마가 고개를 끄덕이자, 고 변호사가 물었다.

"먼저 여쭤볼 게 있는데요. 혹시 이제부터 어머님이 진우를 키우실 수 있으신가요?"

우리나라 최초의 여성 변호사 이태영

이태영은 우리나라 여성으로는 최초로 법과 대학을 졸업하고 사법 시험에 합격했어.

1952년

그러나 당시 사회의 여성에 대한 불평등으로 인해 판사 임명이 거절되었지.

여자가 법관을 한다고?
푸하하!
여자 주제에.
말도 안 돼!
여자가?

이태영은 좌절하지 않고 변호사 사무실을 열어 대한민국 최초의 여성 변호사가 되었어.

그 후에 이태영은 많은 여성들이 불평등을 겪고 있고, 그것이 잘못된 가족법에서 시작되었음을 깨달았지.

가족법을 고쳐야겠어!

가족법 민법의 친족법과 상속법 등 가족의 생활 관계를 규정한 법
가정 법원 이혼, 상속 등 가사 사건과 소년 사건을 재판하는 법원

불평등한 사회 제도와 법을 고치는 데 앞장섰다.

진우 엄마가 반색하며 대답했다.

"그럼요, 당연히 키울 수 있죠. 전 진우 할머니가 돌아가신 줄 모르고 있었어요. 그걸 알았다면 어떻게 해서든 진우를 찾아내서 키웠을 거예요."

고 변호사가 안도의 한숨을 쉬며 말했다.

"다행이네요. 저희는 혹시 어머님의 형편이 안 될까 봐 걱정하고 있었거든요."

이범도 잘됐다고 생각하고 있는데, 진우 엄마가 말했다.

"자식 키우는 일에 형편이 되고 안 되고가 뭐가 중요하겠어요. 당연한 일이죠. 진우 아빠가 친권과 양육권을 주지 않으면 절대 이혼을 안 해 준다고 해서 그렇게 할 수밖에 없었어요. 진우를 떼어 놓고 나와서 1년은 매일 울고 지냈어요."

그때의 아픔이 생각나는지 엄마는 눈시울이 붉어졌다. 고 변호사가 위로하며 말했다.

"그러셨겠네요. 그런데 문제는 진우 아버님이 친권과 양육권을 갖고 있다는 거예요."

"그러니까요. 방법이 없을까요?"

엄마가 표정이 어두워지며 물었다. 이범이 설명했다.

"진우 아버님이 **아동학대** 혐의로 유죄 판결을 받게 되면, 양육권자 변경 심판 청구 소송을 해서 양육권을 가져올 수

는 있을 것 같습니다."

"그럼 그렇게 해야겠네요."

엄마가 반기며 말하자, 고 변호사가 설명했다.

"문제는 소송이 끝날 때까지 시간이 꽤 걸린다는 거예요. 그래서 진우 아버님과 합의를 하는 게 어떨까 싶습니다."

"합의를 하다니요? 어떻게요?"

진우 엄마가 묻자, 고 변호사가 다시 설명했다.

"지금까지 진우 아버님이 한 방임 행위가 가볍지 않기 때문에 재판을 하게 되면 아동 학대 혐의로 처벌받게 될 거예요. 「아동 복지법」에 따르면, 5년 이하의 징역 또는 5천만 원 이하의 벌금에 처할 수 있는데, 제 생각에는 징역 1년에 집행 유예 2년 정도가 나올 가능성이 큽니다. 그러니까 진우 아버님께 양육권을 주면, 고소를 취하하겠다고 해 보는 거죠."

"그럼 신우 아빠가 벌을 받지 않게 되나요?"

엄마의 질문에 고 변호사가 대답했다.

"합의가 잘되면 벌을 받지 않는 것은 아니지만, 검사님이 기소 유예로 처리해 재판까지 가지 않게 할 수도 있고, 재판에 가더라도 형량이 줄어들 가능성이 큽니다."

기소 유예란 검사가 형사 사건에 대하여 범죄의 혐의를 인정하나, 정상을 참작하여 공소를 제기하지 않는 것을 말한다.

가 미치는 영향

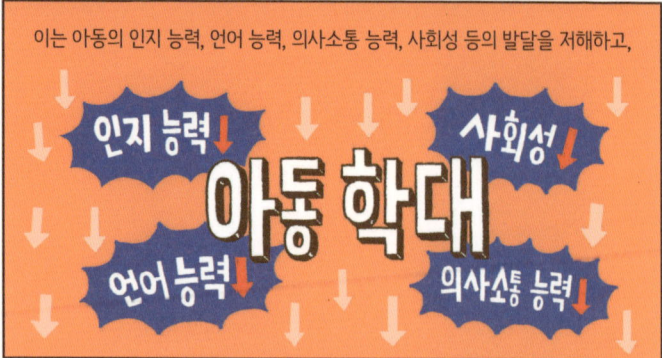

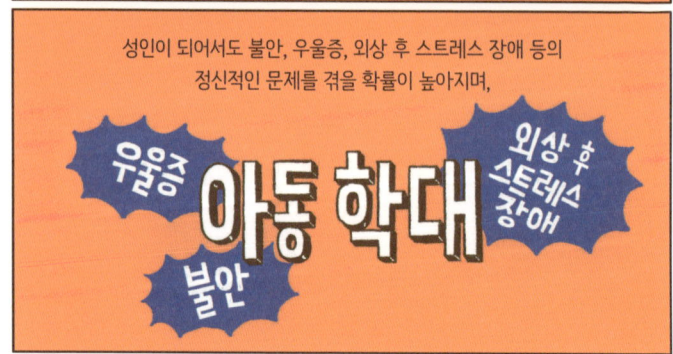

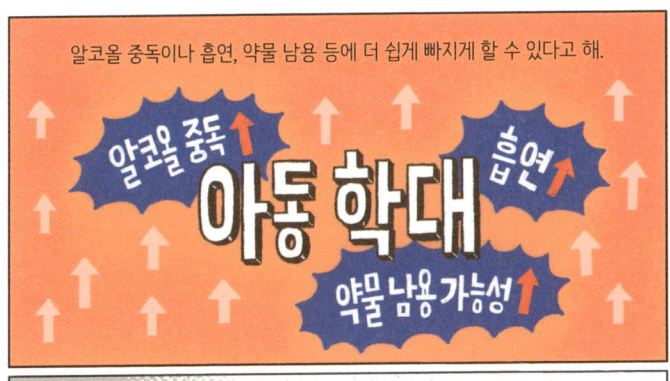

알코올 중독이나 흡연, 약물 남용 등에 더 쉽게 빠지게 할 수 있다고 해.

그러니까 아동 학대는 절대 일어나서는 안 되지만, 아동 학대가 일어났을 때는 아동을 빨리 구호 조치하고,

아동 학대로 인한 신체적, 정신적 문제를 잘 치료해 주는 게 중요해.

오랜 시간 신체적, 정신적 고통을 줄 수 있다.

이범이 고 변호사의 의견에 설명을 보탰다.

"진우 아버님을 벌하는 것도 중요하지만, 진우가 행복하게 사는 것이 더 중요하잖아요. 아버님과 합의해서 진우에게 더 좋은 쪽으로 문제를 해결하려는 것입니다."

"진우만 키울 수 있으면 저는 상관없어요. 그런데 진우 아빠가 어떻게 나올지 모르겠네요."

진우 엄마가 걱정하며 말하자, 고 변호사가 말했다.

"저희가 잘 설득해 보겠습니다."

"알겠습니다. 그럼 잘 부탁드려요."

진우 엄마가 고개 숙여 인사했다. 진우와 진우 엄마가 돌아가자, 고 변호사는 아이들에게 진우 엄마와 나눈 이야기를 전했다. 권리아가 반기며 말했다.

"좋은 방법이네요. 진우 아버님도 형량을 줄일 수 있으니, 합의하지 않을까요?"

양미수도 간절한 표정으로 말했다.

"제발 그렇게 되면 좋겠어요."

고 변호사가 이범에게 말했다.

"내일 진우 아버님 좀 뵙자고 하세요."

"네, 그렇게 하겠습니다."

이범이 대답하고, 이태만에게 전화해 말했다.

"저희가 내건 조건에 합의하시면, 고소를 취하해 드릴 생각이 있어서요."

이태만이 관심을 보이며 물었다.

"조건이 뭔데요?"

"그건 만나서 설명해 드리겠습니다."

이범의 대답에 이태만은 사무실로 오겠다는 약속을 했다.

그리고 다음 날 오후, 이태만이 사무실로 왔다. 이범이 진우 엄마를 찾았으며, 진우 엄마가 진우를 키울 생각이 있다, 그러니 양육권을 진우 엄마에게 주면 고소를 취하하겠다고 하자, 이태만은 펄쩍 뛰었다.

"내 아이 양육권을 왜 이혼하고 나간 사람한테 줘요? 절대 그럴 일 없습니다."

권리아가 이태만을 설득하기 시작했다.

"아버님 사정으로는 진우를 옆에서 돌볼 형편이 안 되는 거 아버님도 잘 아시잖아요. 진우가 얼마나 혼자 외롭고 힘이 들었으면 아버지를 고소할 생각까지 했겠어요. 제발 진우 생각 좀 해 주세요."

양미수도 이어서 설득했다.

"아버님도 말씀은 안 하셨지만, 진우를 혼자 두는 게 마음이 많이 쓰이셨을 거 아니에요. 그러니 진우가 성인이 될 때까지는 어머님과 함께 살면서 잘 성장할 수 있도록 해 주세요. 그래야 아버님도 더 편하게 일하실 수 있지 않겠어요?"

그러자 이태만이 목소리를 낮추며 인정하기 시작했다.

"신경이 쓰이긴 하죠, 아무래도."

이범이 의견을 보탰다.

"진우도 아버지를 고소하기는 했지만, 너무 힘들어서 그런 것이지, 아버지가 벌 받기를 원해서 그런 건 아니에요. 그러니 진우의 마음을 알아주셨으면 좋겠어요."

"우는 거 보니까 진우도 속이 편해 보이진 않더군요."

이태만이 착잡한 표정으로 말하더니 물었다.

"고소를 취하하면 벌을 받지 않을 수 있는 겁니까?"

"기소 유예 또는 벌금을 내는 것으로 끝나거나, 재판에 가더라도 집행 유예 정도로 끝날 수 있을 겁니다."

고 변호사의 설명에 이태만은 고개를 끄덕이며 수긍하는 표정을 지었다. 그리고 어떻게 할지 결정하려는 듯 잠시 아무 말도 안 하더니, 마침내 입을 열었다.

"저도 진우한테 잘못한 거 알아요. 저라고 왜 진우를 잘 키

우고 싶지 않겠어요. 그런데 사업이 너무 안 되고, 빚을 자꾸 져서 경제 사정이 어려워지니까, 세상만사 다 괴롭고 힘들더라고요. 그래서 진우를 키우는 게 버겁게 느껴져 자꾸 외면하려고 하다 보니, 이 지경까지 온 것 같습니다. 그리고 아무리 그래도 아버지인데, 아버지를 아동 학대로 고소했다는 게 너무 괘씸해서 용서가 안 됐어요. 그런데 이게 다 내 욕심이더라고요. 능력도 안 되면서 아비라고……."

아이들은 이태만이 이제야 진심으로 뉘우치고 있다는 생각이 들었다. 이태만이 결심한 듯 말했다.

"괜히 내 욕심 때문에 애만 힘들게 했나 싶어요. 그러니 이제라도 놓아 주는 게 진우의 행복을 위해 더 낫겠죠."

결국 이태만은 진우에 대한 양육권을 포기하기로 합의했다. 아이들은 이태만이 이제라도 자신의 잘못을 뉘우치고 진우를 위한 선택을 한 것이 정말 다행이라는 생각이 들었다.

다음 날, 아이들은 이태만에 대한 고소를 취하한다는 고소 취하서와 이태만이 진우에 대한 양육권을 엄마에게 주기로 합의했다는 합의서를 검찰에 제출했다. 그러나 이태만은 기소 유예를 받지 못하고 결국 재판에 넘겨졌다.

"아동 학대 혐의가 분명하니, 검사가 기소를 안 할 수는 없었을 거야."

일정 기간 동안 형의 집행을 미뤄 주는 것

경제

경제는 생활에 필요한 재화나 서비스를 생산, 분배, 소비하는 모든 활동을 말해.

경세제민 → 경제
(經世濟民)   (經濟)
세상을 경영하여 백성을 구제한다.

'경세제민'을 줄인 말이지.

재화는 음식이나 옷, 생활용품처럼 직접 만질 수 있는 물건을 뜻하고,

서비스는 재화를 운반하거나 생산, 소비에 필요한 인력을 제공하는 것을 말하지.

친절히 모실게요.

예쁘게 잘라 드릴게요.

이범의 의견에 권리아도 고개를 끄덕였다.

"그럴 것 같긴 했어요."

"형량이 크게 나오면 진우 아버님이 가만히 있지 않을 것 같은데 어떡하죠?"

양미수가 걱정하자, 유정의가 말했다.

"그러니까 진우 아버님이 진심으로 반성하고 있다는 것을 보여 줘야지."

다행히 첫 재판 날, 이태만은 자신의 잘못을 인정하고 벌을 달게 받겠다고 말했다. 피고인이 자백하고 용서를 구하니, 판사는 곧바로 선고 날짜를 잡았다.

그리고 드디어 선고 날이 되었다. 아이들은 떨리는 마음으로 재판정에 갔다. 판사가 양형 이유를 설명하고 선고했다.

"따라서 다음과 같이 선고합니다. 피고인 이태만을 징역 6개월에 처한다. 다만, 피고인이 자신의 혐의를 인정하고 진심으로 반성하고 있는 점, 고소인이 고소를 취하한 점, 그리고 양육권을 친모에게 주기로 합의한 점 등을 고려해 이 판결의 확정일로부터 1년간 위 형의 집행을 유예한다."

"휴!"

이태만뿐만 아니라, 아이들 모두 안도의 한숨을 쉬었다. 그리고 재판을 끝내고 나오는데, 이태만이 미안한 표정으로 말

했다.

"제가 그동안 무례하게 굴었습니다. 용서해 주세요. 그리고 우리 진우를 도와주셔서 감사합니다."

고 변호사가 대표로 인사했다.

"네, 고생 많이 하셨습니다. 앞으로 진우한테 잘해 주세요."

"그래야죠."

이태만은 머쓱하게 웃으며 인사했다. 이태만이 가자, 권리아가 진우 엄마에게 전화해 소식을 전했다.

"잘됐네요. 정말 감사합니다."

진우 엄마가 기뻐하며 말했다. 그리고 내일 진우와 인사하러 오겠다며 전화를 끊었다. 아이들은 이제 진우가 아픈 기억을 다 잊고 엄마와 함께 행복하게 살기를 빌었다.

그런데 양미수가 앞서가는 이범을 가리키며 권리아에게 속삭였다.

"그때, 이범 선배, 정말 멋지지 않았니?"

뜬금없는 양미수의 말에 권리아가 물었다.

"그때? 언제?"

"이태만 씨가 진우를 때리려고 했을 때, 벌떡 일어나서 그랬잖아. '아동 방임에, 폭력까지 추가하고 싶으세요?' 카리스마가 진짜!"

재판을 세 번까지 받을 수 있는 이유

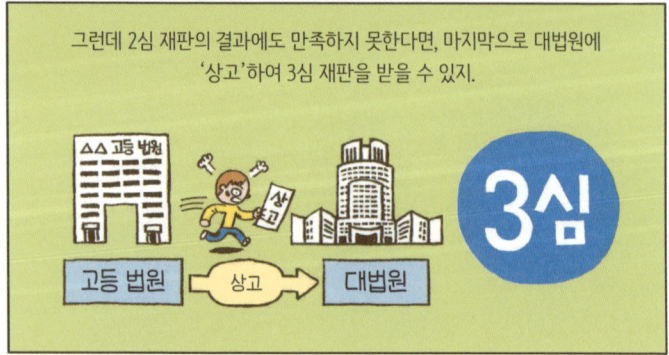

공정한 재판으로 소송 당사자의 이익을 보호하기 위해

양미수가 감동한 듯 이범의 목소리를 흉내내며 말하자, 권리아가 어이없는 표정으로 말했다.

"또 시작됐군. 이범 바라기."

사실 양미수는 학교 다닐 때부터 이범을 좋아했다. 성실하고 똑똑할 뿐만 아니라, 평소에는 조용하고 말도 잘 안 하지만, 불의를 보면 절대 참지 않고 카리스마를 내뿜으니, 어찌 반하지 않을 수 있냐 말이다.

양미수가 헤헤 웃으며 말했다.

"변호사 시험 보느라 쉬었으니 이제 다시 시작해야지."

권리아가 고개를 가로저으며 말했다.

"못 말린다, 못 말려."

그런데 바로 그때, 누군가 소리를 빽 질렀다.

"변호사가 제대로 변호해야 할 거 아니에요!"

어디서 들어본 목소리에 놀라 돌아보니, 이게 누군가! 박금순이 자신의 변호사와 싸우고 있는 것이었다.

"박금순 씨가 거짓말한 거잖아요!"

바로 옆 법정에서 박금순의 선고 공판이 열렸는데, 박금순이 거짓말한 것이 탄로가 난 모양이다. 그렇다면 아동 학대 혐의로 벌을 받았을 게 뻔한 일이다. 그래서 지금 변호인에게 화를 내고 있는 것이다.

권리아는 왠지 고소한 느낌이 들었다. 그래서 뒤돌아가며 저도 모르게 피식 웃었는데, 양미수가 툭 치며 말했다.

"너무 티 내지 마."

그러면서 자기도 씩 웃는 것이 아닌가.

"으이그, 둘 다 정말 못 말린다."

유정의의 말에 이범이 의문을 제기했다.

"그런데 박금순 씨가 거짓말한 걸 어떻게 알았지?"

고 변호사가 대답했다.

"검사는 뭐 놀고 있는 줄 아세요? 우리가 알아내면 검사도 다 알아냅니다."

하기야 주변 사람들만 조사해도 박금순이 거짓말을 했는지, 또 박금순이 어떤 사람인지 금방 알 수 있으니 말이다.

그런데 사실, 박금순의 재판에서는 보이지 않는 인물의 놀라운 활약이 있었으니, 바로 하 사무장이다. 때는 아이들이 박금순의 이중적인 모습에 변호사를 사임한 날이었다. 박금순이 회의실을 나간 후, 하 사무장은 열린 문틈으로 아이들이 이야기하는 소리를 들었다.

"우리가 조사한 거, 검사님한테 슬쩍 흘릴까?"

권리아의 말에 이범이 주의를 줬다.

"그건 안 돼. 변호인이 의뢰인의 비밀을 누설할 수는 없어."

순간, 하 사무장은 생각했다.

'변호인이 의뢰인의 비밀을 누설할 수는 없지. 그런데 변호인이 아니라면······.'

하 사무장은 검찰청 수사관 출신으로, 검찰청에 아는 사람이 아주 많다. 그래서 후배 수사관을 만난다는 핑계로 검찰청에 들어갔고, 식당에서 밥을 먹으며 일부러 박금순 사건을 맡은 검사의 뒤편에 자리를 잡았다. 그리고 수다를 떠는 척하며 슬쩍 말을 흘렸다.

"이번에 이곳 사건 하나 맡은 게 있는데, 결국 변호사님들이 사임해 버렸잖아."

후배가 관심을 보이며 물었다.

"왜요? 사임할 만한 이유가 있었어요?"

"의뢰인이 거짓말을 했더라고. 애를 굶기고 때려 놓고는 절대 안 했다고. 게다가 이전에 돌본 아이들에게도 아동 학대 행위를 했더라고."

의뢰인이 누군지, 변호사가 누군지는 절대 말하지 않았다. 다만, 검찰청에서 하소연 수사관이 법무 법인 지음의 사무장으로 갔다는 사실을 모르는 사람이 없을 뿐이다.

법무 법인 지음,
그곳엔 아주 특별한 변호사들이 있다!

각종 사건 사고를 해결하며 진짜 변호사로 성장하는
변호사 어벤져스의 멋진 활약이 펼쳐진다.

어린이 법학 동화
변호사 어벤져스

❶ 명예 훼손죄, 진실을 말해 줘!
❷ 동물 보호법, 책임감을 가져라!
❸ 아동 복지법, 위기의 아이를 구하라!
❹ 형법, 진짜 범인을 찾아라!
❺ 도로 교통법, 누가 가해자인가!
❻ 학교 폭력, 억울한 누명을 벗겨라!
❼ 식품 위생법, 양심을 지켜라!
❽ 사이버 범죄, 숨은 범인을 찾아라!
❾ 저작권법, 권리를 지켜라! (근간)
❿ 청소년 보호법 (가제/근간)

글 고희정 ✦ 그림 최미란 ✦ 감수 신주영